CCM 코드반주 1

Sweet Guide
ㅅ · 윗 · 가 · 이 · 드

세광음악출판사

CCM(Contemporary Christian Music)이란?

대중음악의 형식을 취하면서 내용 면에서는 기독교의 정신을 담아내며 모든 장르를 포괄하는 기독교 음악으로, 대부분 교회에서 사용되는 악보는 코드와 단선율만으로 구성된 단선 악보 형식을 띠고 있습니다. 악보 자체가 정답지인 클래식 음악과는 다르게 단선 악보만을 보고 리듬, 가락, 화성을 창조해야 하는 CCM 반주는 일반인들이나 심지어 음악 전공자들에게도 생소하며 어려운 분야일 수 있습니다.

<CCM 코드 반주 1 스윗 가이드>는 CCM 반주 교육의 최종 목표인 단선 악보만을 보고 교회 현장에서 쓰이는 코드 반주와 멜로디 반주를 동시에 할 수 있도록 훈련하며, 실전 반주자는 물론이고 반주를 가르치는 레스너와 반주를 배우는 레슨생들에게 조금 더 효과적이고 체계적인 방법을 제시함으로써, 어렵게만 느껴지던 CCM 반주의 세계에 한 걸음 다가가는 내비게이션 역할을 하는 교재가 되길 기도합니다.

샬롬! 하나님의 은혜 안에서 <CCM 코드 반주 1 스윗 가이드>로 만나게 된 여러분들 반갑습니다. 이 책을 만나는 여러분들은 현 교회 반주자이거나, 예비 교회 반주자 혹은 반주자를 양성시키는 레스너이실 텐데요. <CCM 코드 반주 1 스윗 가이드>는 CCM 코드 반주의 기초 과정부터 차근차근 다져가는 실전 반주법 교재로, 교회 현장에서 연주되는 CCM과 찬송가 곡들을 코드와 멜로디만으로 이루어진 단선 악보를 보고 **반주의 3요소(정확한 화성, 적절한 리듬, 조화로운 선율 라인)가 동일한 균형을 이루도록 훈련하기 위해 이론 – 트레이닝 – 예제곡의 3단계 형식으로 구성**된 교재입니다.

<CCM 코드 반주 1 스윗 가이드>는 일반 교회 반주자들에게 막연하고 어렵게만 느껴지는 화려한 텐션 코드 보이싱이나 교회 현장에서 연주하기에는 조금 불편하게 느껴지는 정통 재즈 스타일의 리듬은 지양하고, 기본 코드를 최대한 응용해서 예배에 맞는 아름답고 담백한 반주를 하는 데에 목적을 두고 집필하였습니다.

〈CCM 코드 반주 스윗 가이드〉의 특징

① **이론 – 트레이닝 – 예제곡 3단계의 올인원 형식**으로 체계적인 실전 반주 완성!

② 교회 반주에서 많이 연주되는 **멜로디를 연주하지 않는 코드 반주의 훈련**으로 딱!

③ 실전 반주가 가능한 **인트로**와 반주 라인을 좀 더 선율적으로 만드는 **선율 라인(애드립)** 삽입!

④ 선생님의 **디테일한 포인트 설명**이 악보에 쏙쏙! 이해도 쏙쏙!

⑤ 대중적인 CCM 곡부터 최신 CCM까지 **특별한 선곡과 원곡에 가까운 편곡!**

<CCM 코드 반주 스윗 가이드>는 제가 20여 년 동안 교회 현장에서 반주를 하고 또한 많은 교회 반주자들을 양성하면서 오랜 시간을 거쳐서 체계적으로 만든 교재이기에 교회 반주자, 예비 반주자, 레스너들의 교회 반주에 대한 갈급함을 조금이나마 해결하고 은혜로운 반주로 하나님께 영광 돌릴 것을 기대하고 소망합니다.

삶의 여정 속에서 늘 감사하며, 하나님의 은혜가 언제나 충만하시길 기도합니다.

저자 **류혜영**

차례

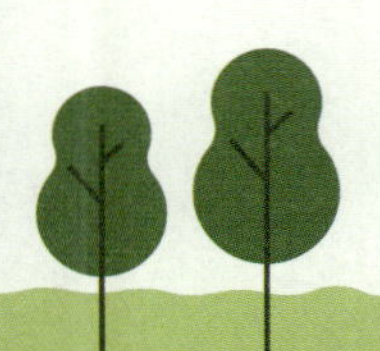

Part 1

기본 3화음

코드(Chord)란, 높이가 다른 두 개 이상의 음이 동시에 울리는 화음을 영어로 표기한 것입니다. 따라서, 멜로디와 코드만으로 이루어진 악보를 보고 양손으로 선율을 만들어 연주하는 것을 반주라고 합니다. 그러면 코드는 어떻게 만들어질까요? 바로 음계에서 시작됩니다.

음계(Scale)란, 으뜸음(1음)을 시작으로 한 음씩 나열된 음들입니다. 먼저 아래 그림을 보면서 모든 스케일의 기준이 되는 메이저 스케일부터 살펴보고, 반주에서 가장 기본이 되는 3화음을 배워보겠습니다.

❶ 메이저 스케일(Major Scale)

으뜸음으로 시작하여 3~4음, 7~8음이 반음, 나머지는 온음으로 구성된 선율의 나열입니다.

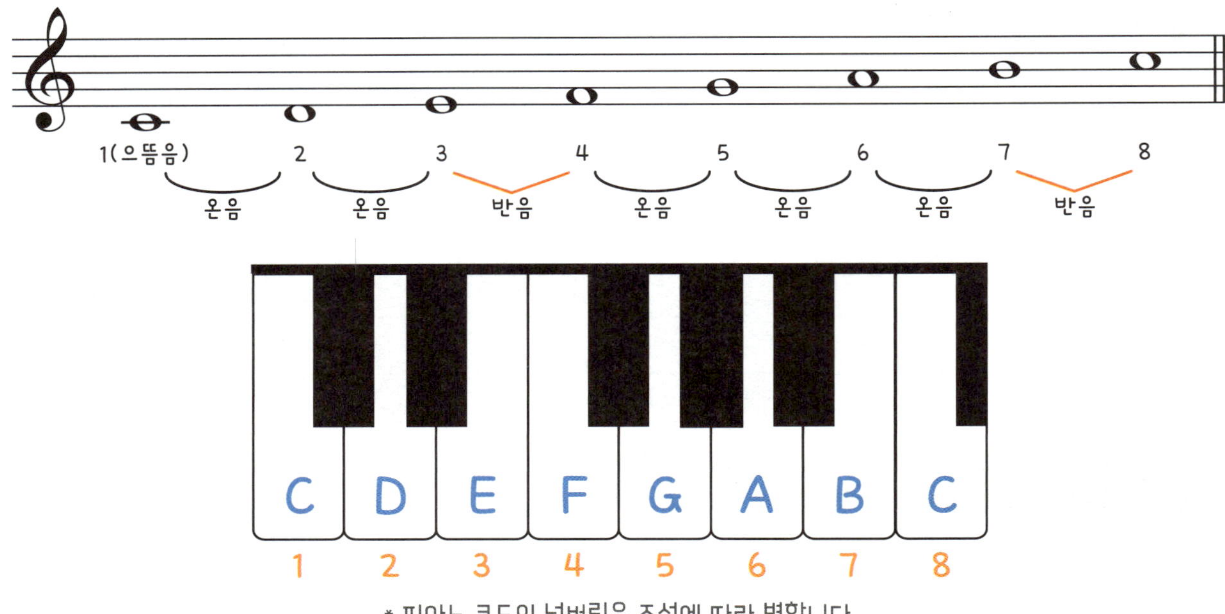

* 피아노 코드의 넘버링은 조성에 따라 변합니다.

❷ 3화음(Triad)

근음(Root)으로부터 3도, 5도씩 위로 쌓은 화성으로, 반주에서 가장 기본이 되는 화음(Chord) 입니다.

* 다이아토닉 하모니(Diatonic Harmony) : 스케일의 구성음으로만 쌓아 올린 화성

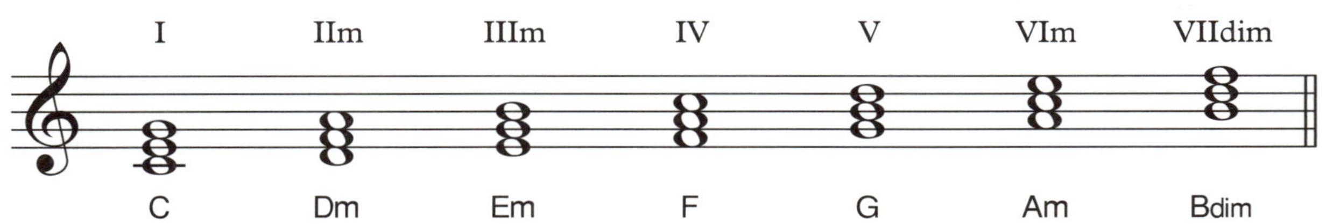

❸ 기본 3화음 – 메이저와 마이너 코드

♫ 메이저 코드와 마이너 코드

오른손으로 메이저 코드와 마이너 코드를 순서대로 연습해 봅시다.

* 모든 코드의 기준이 되는 메이저 코드는 근음(1음)부터 장3도(반음 4개) + 단3도(반음 3개)로 쌓아 올리는 규칙을 가진 코드입니다.

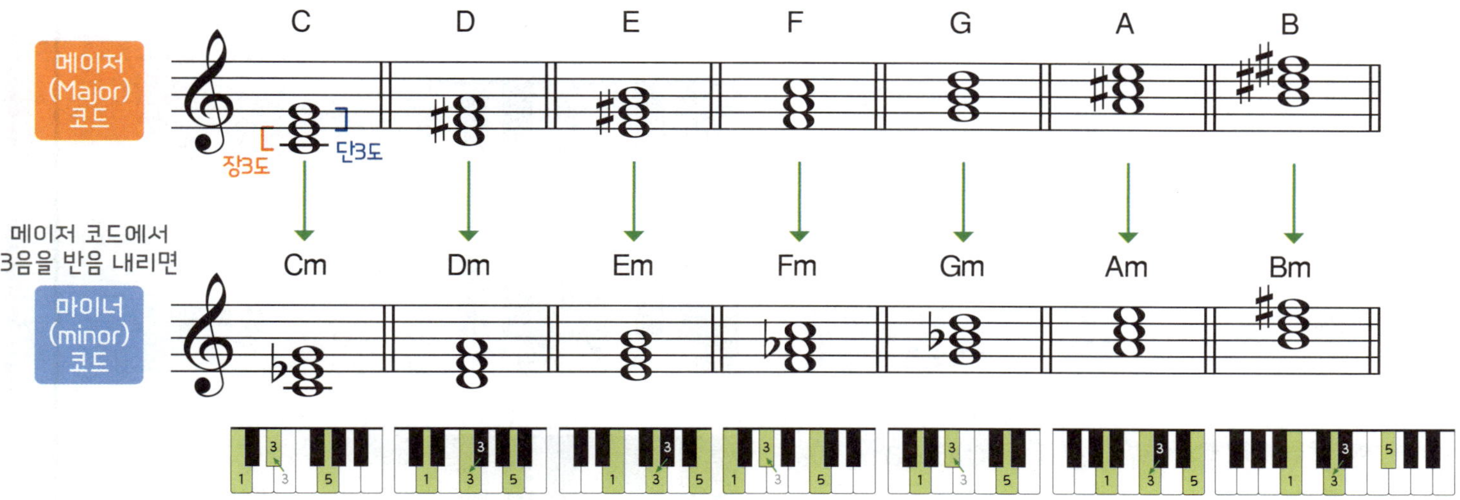

♫ 나머지 5개 코드도 연습해 볼까요?

위의 D, E, G, A, B 코드의 1음, 3음, 5음을 반음 내려 연주합니다.

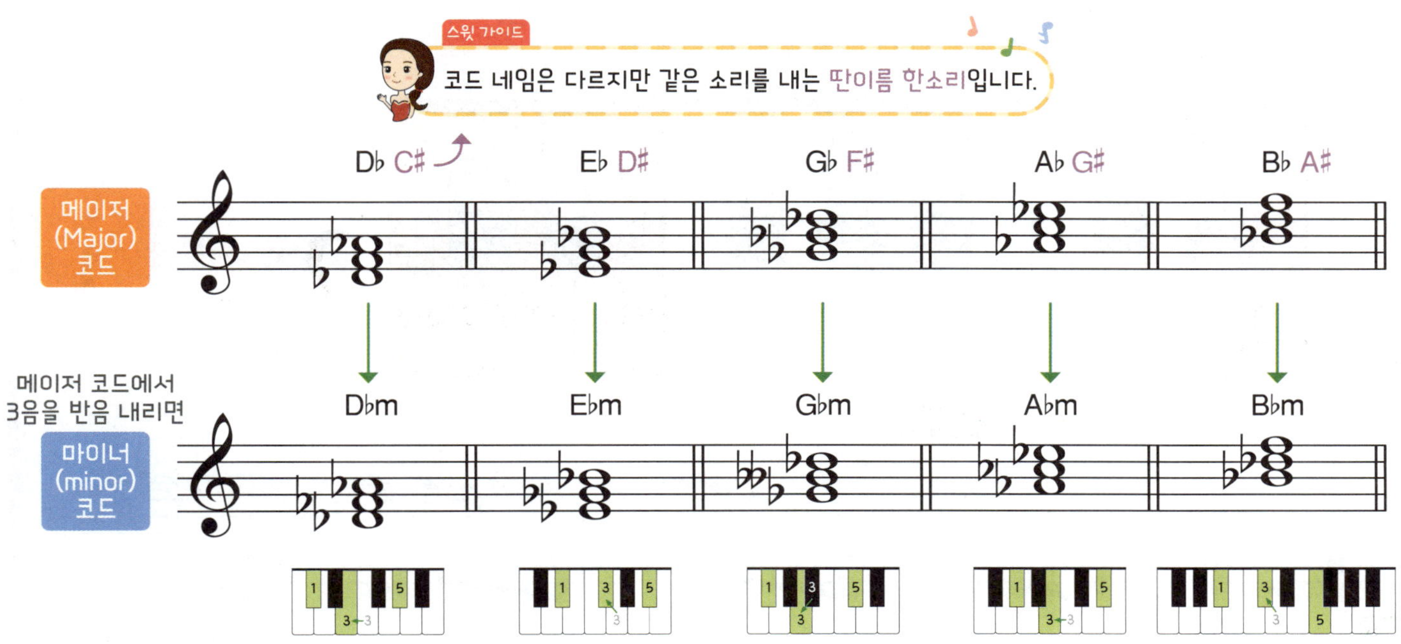

④ 3화음의 종류

3화음에 임시표를 붙여 반음을 올리거나 내리면 3화음의 성격이 변합니다.

연주하며 소리를 들어보면 느낌이 달라지는 것을 알 수 있어요. 아래의 3화음을 살펴볼까요?

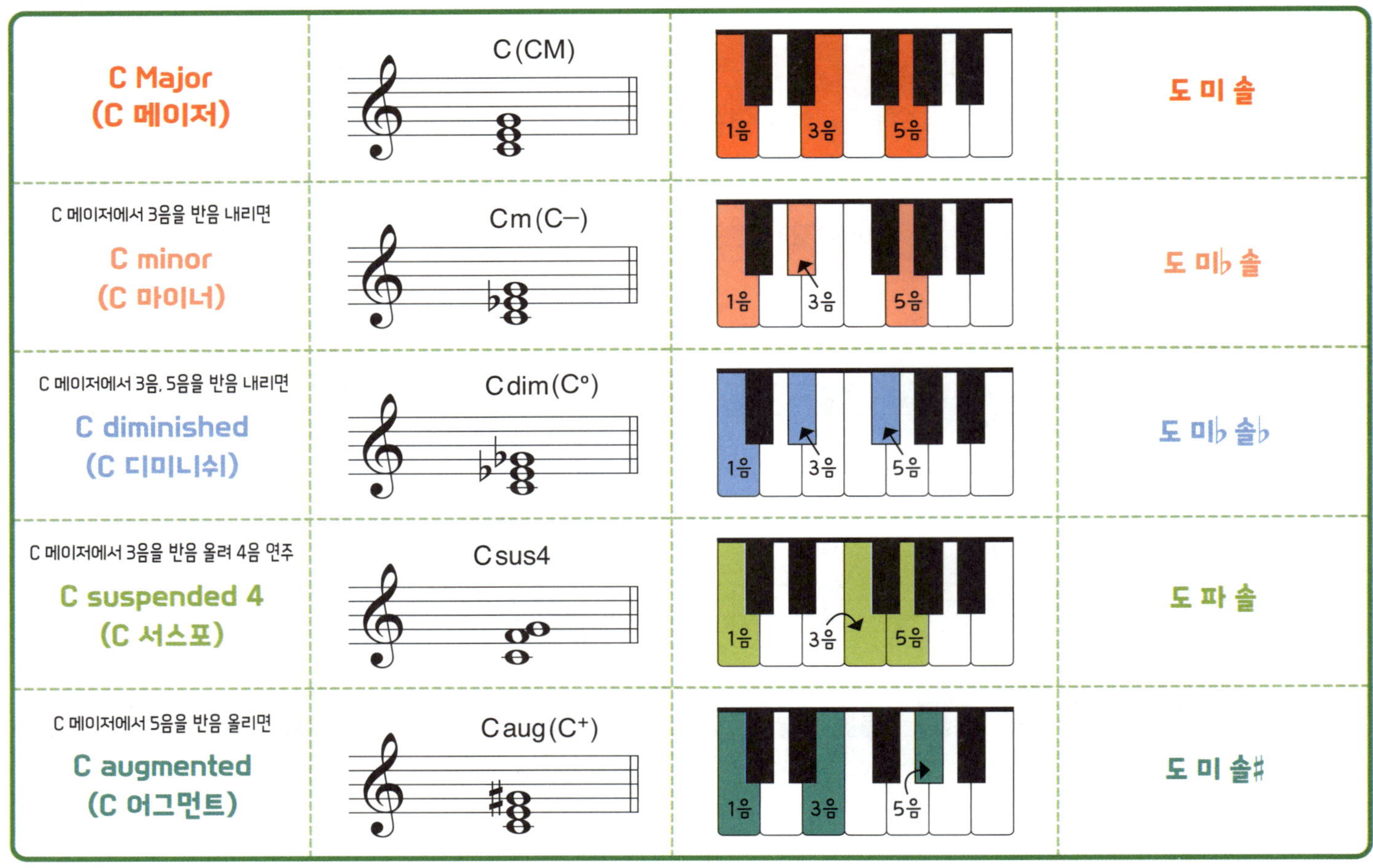

⑤ 기본 왼손 아르페지오

음계를 기반으로 한 코드의 구성음을 가지고 왼손 반주의 다양한 형태를 만듭니다.

따라서, 코드의 구성음을 정확히 인지하는 것이 반주에서 가장 중요합니다.

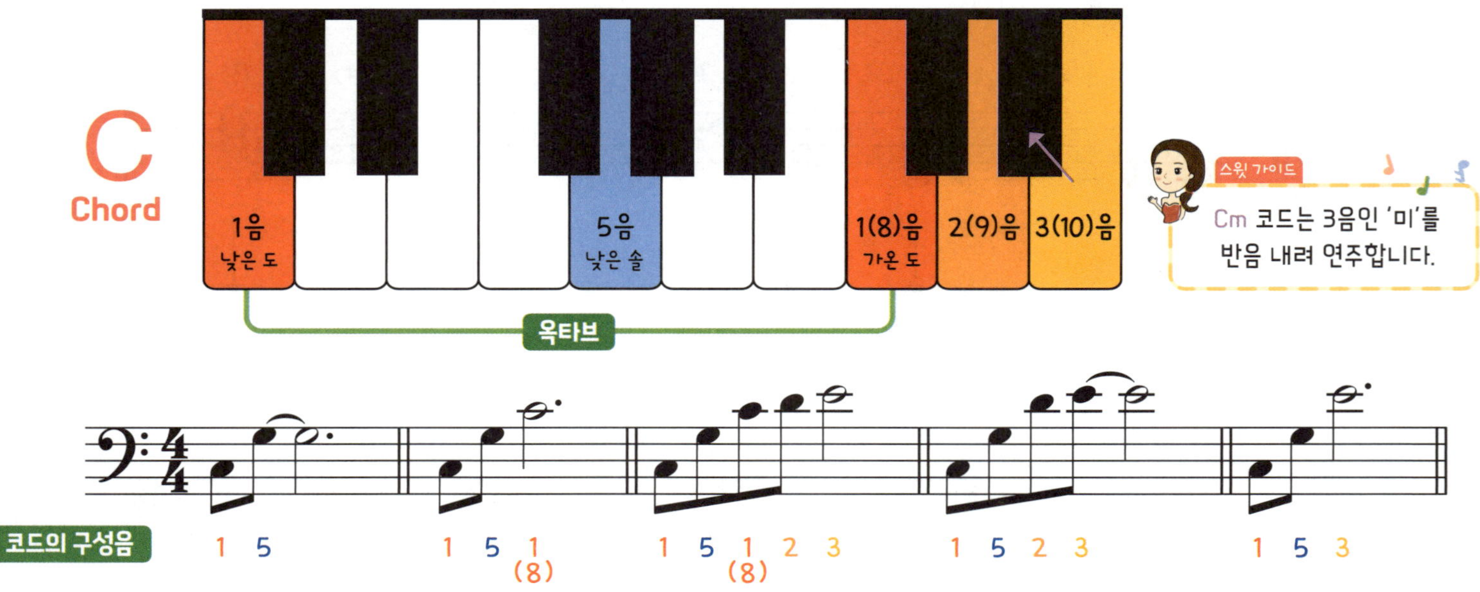

피아노 연결 페달 훈련

아래 악보에 따라 피아노 페달을 밟으며 아름다운 울림으로 연주해 봅시다.
(연결 페달을 사용할 때는 반드시 연결할 음을 누르는 동시에 페달을 떼고 건반이 눌러진 상태에서 페달을 다시 밟습니다.)

아멘송

1단계 연습이 익숙해지면 2단계 리듬으로 연결 페달 연습을 해보세요.

류혜영 작사 · 곡

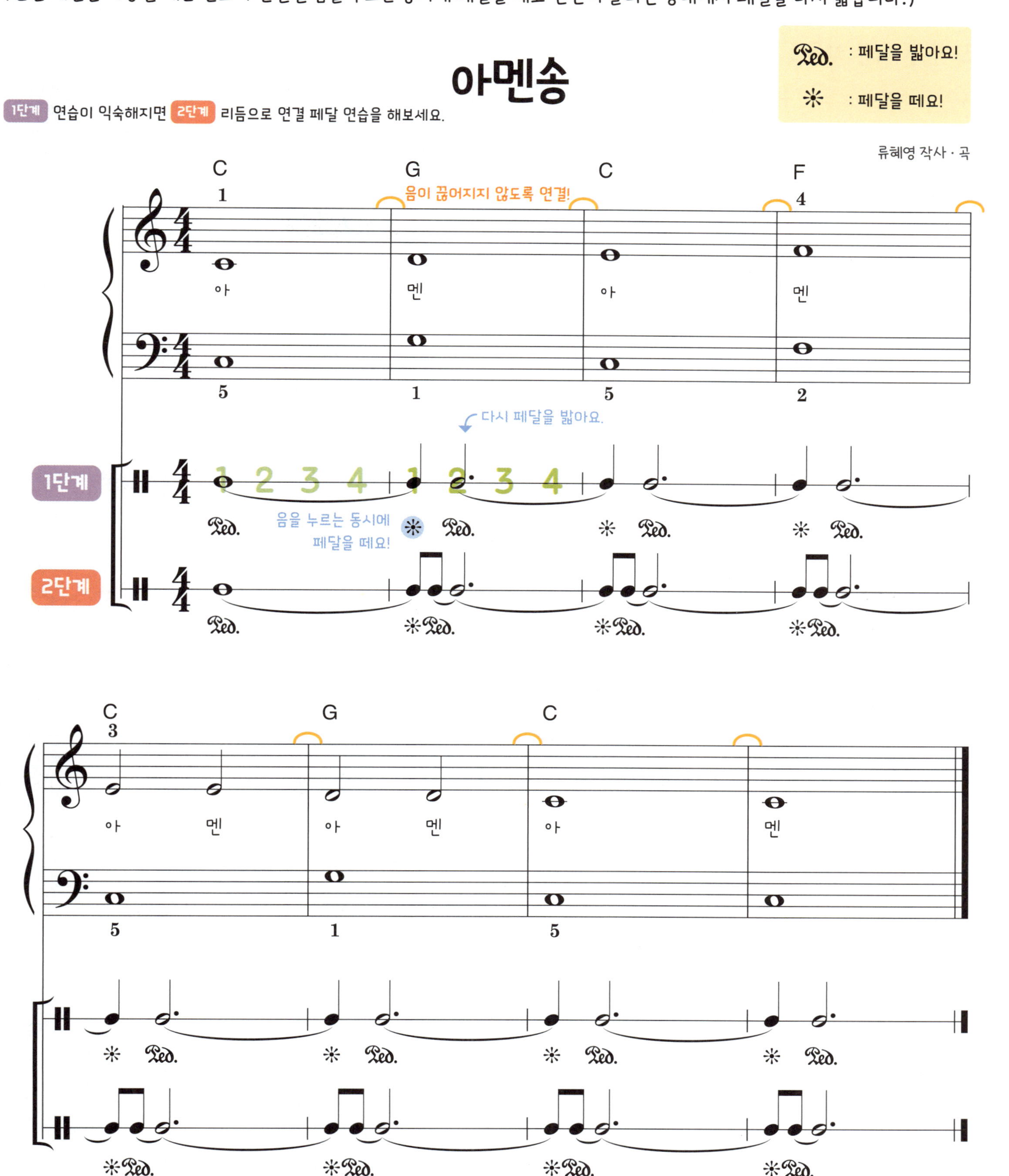

기본 3화음 메이저 코드와 마이너 코드 ♪

CCM 반주에서 기본이 되는 3화음 메이저와 마이너 코드를 6key로 연습해 봅시다.

코드 반주 기본 리듬 1

반주의 기초에서 코드 반주는 멜로디라는 기준이 없기 때문에 분할 박을 정확히 카운트하며 연주할 수 있는 리듬이 좋습니다.
코드의 울림을 느끼며 천천히 연주해 보세요.

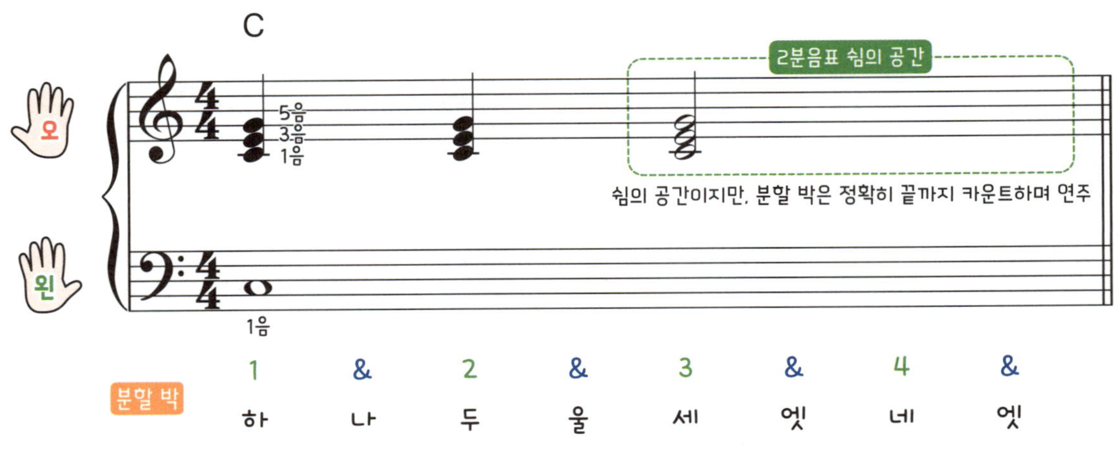

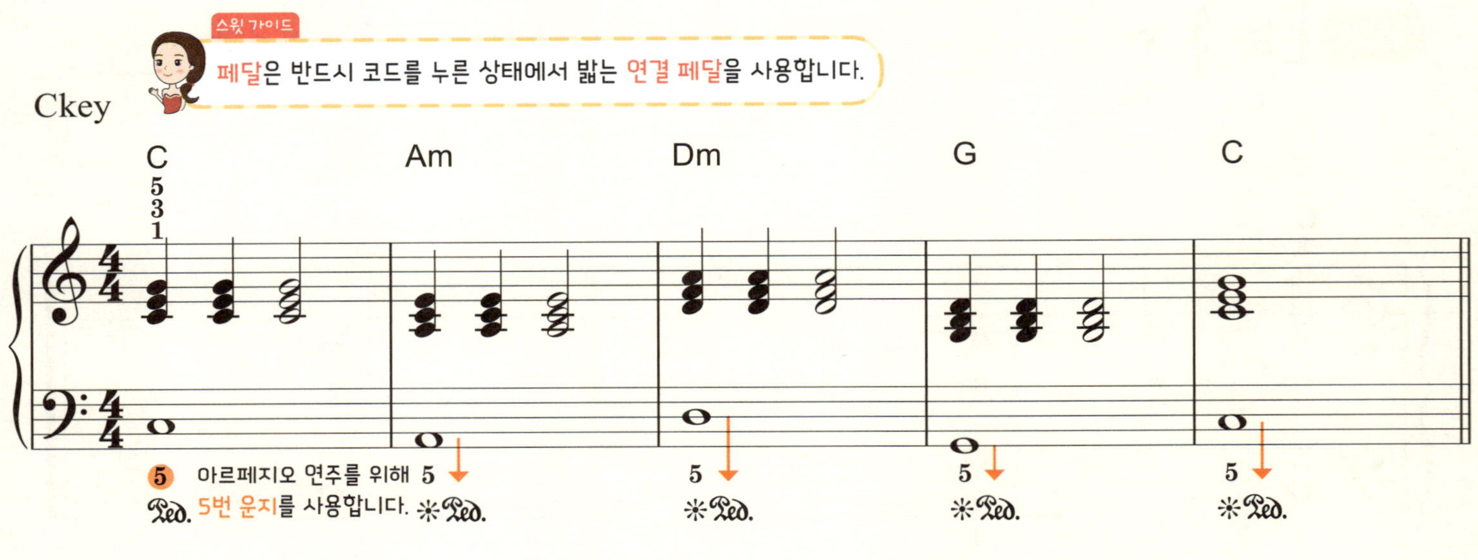

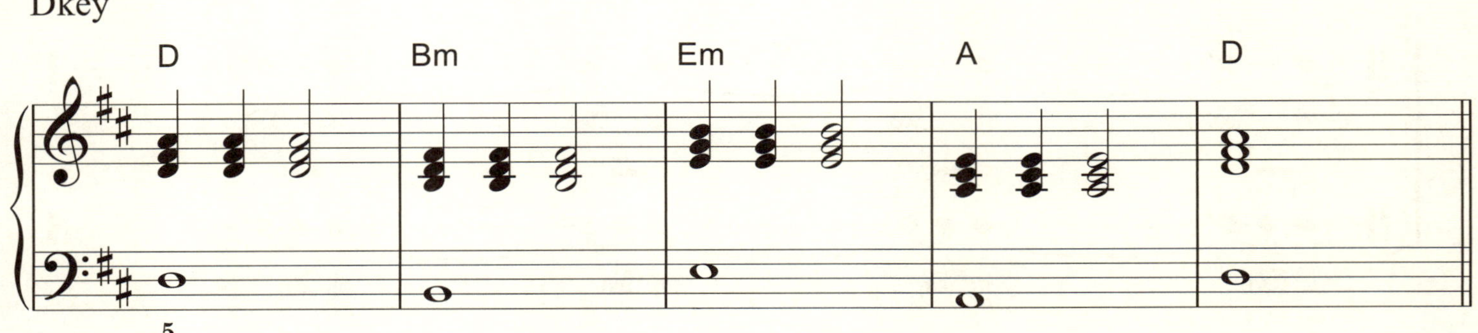

Ekey

Fkey

Gkey

Akey

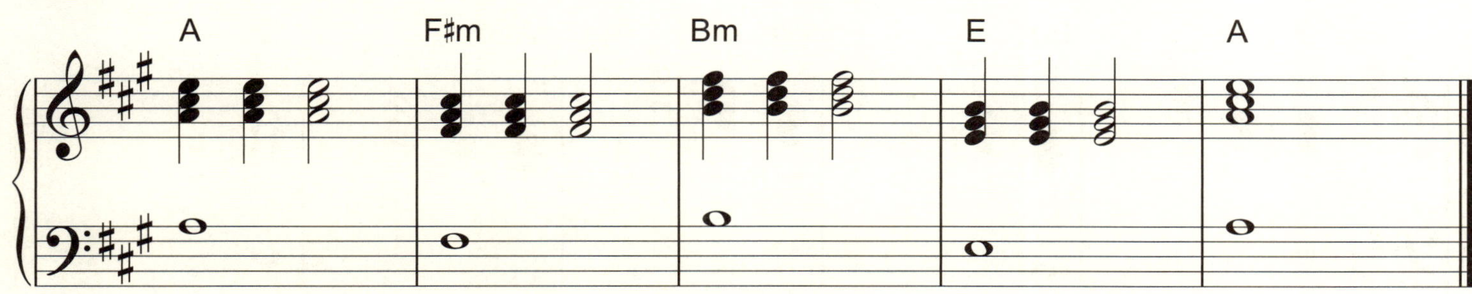

기본 3화음 자리바꿈 ♪

3화음 코드의 1전위와 2전위 형태를 6key로 연습해 봅시다.

3화음 1전위, 2전위 형태

반주에서 코드 구성음의 자리바꿈은 화성이나 멜로디 라인의 진행을 매끄럽게 하는 데 매우 중요합니다.

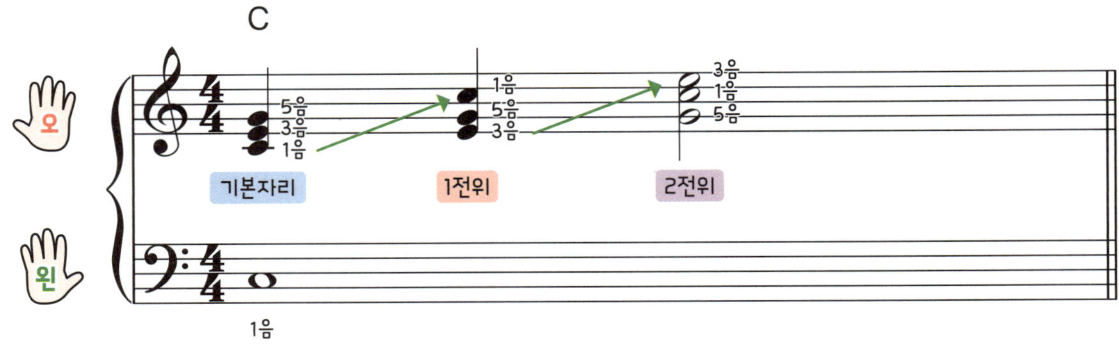

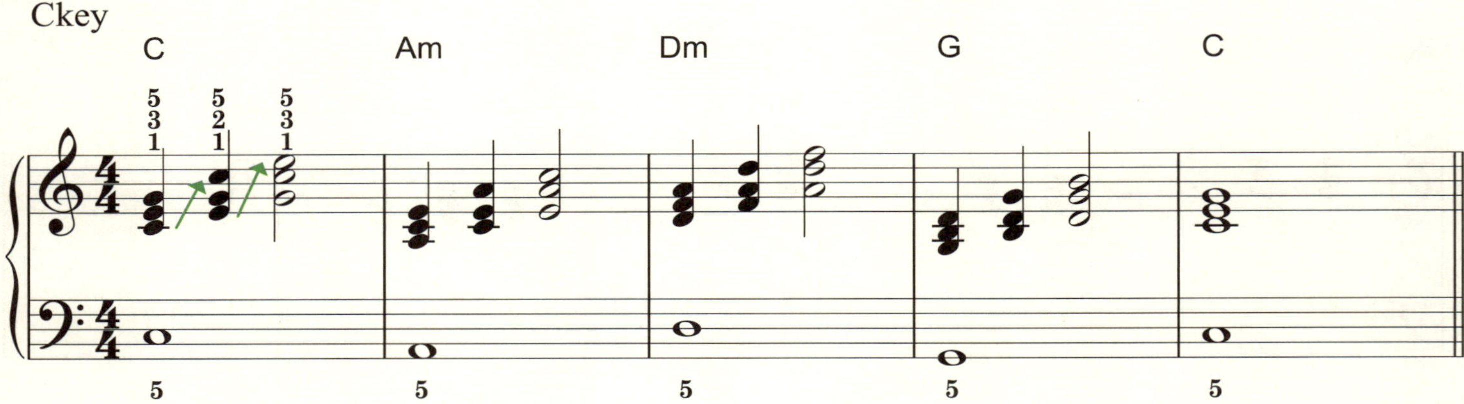

Ekey

Fkey

Gkey

Akey

Chord Training

기본 3화음 반주를 아래에 주어진 코드 진행만 보고 연습해 봅시다.
기본자리 형태를 먼저 연주한 후, 1전위와 2전위를 순서대로 연주합니다.

Ckey

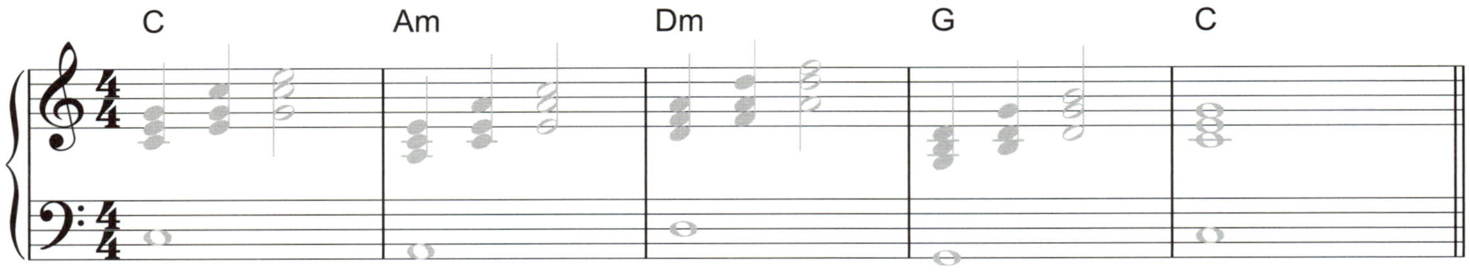

Dkey

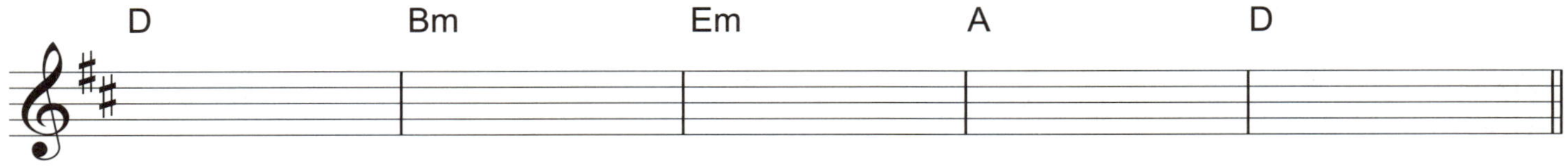

Ekey

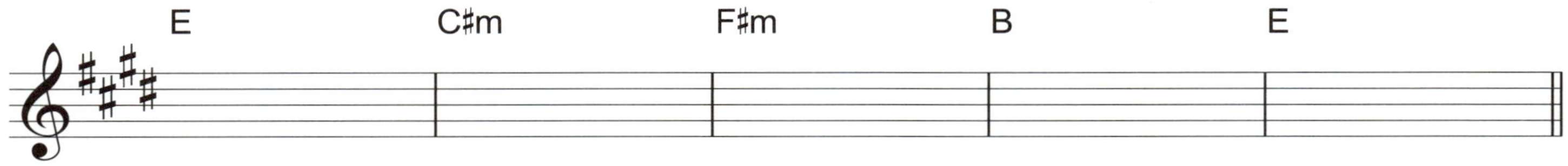

Fkey

Gkey

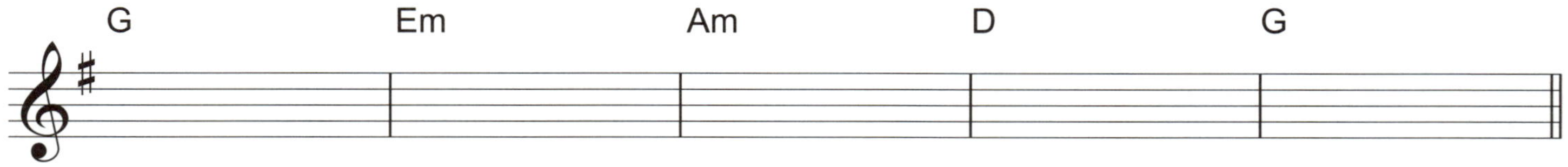

Akey

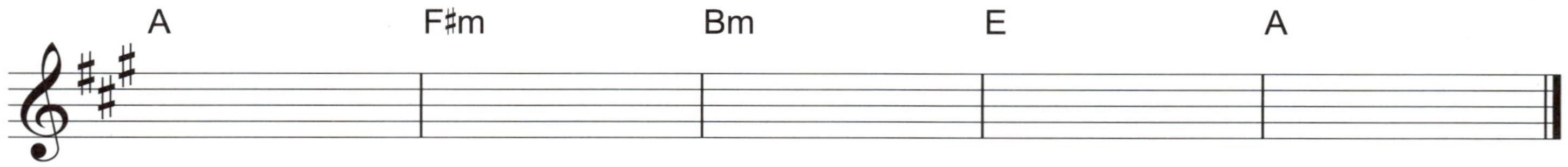

예제곡 1

좋으신 하나님

작자 미상

3화음 코드 기본자리
한 마디에 코드가 2개일 때 연주
리듬을 멈추고 마무리
C   G   F   C   G   C
아르페지오 연주를 위해 5번 운지를 사용
5   5   5   5   5   5

C   G   G   C
좋 으 신 하 나 님   좋 으 신 하 나 님
5
C   F   C   G   C
참 좋 으 신 나 의 하 나 님

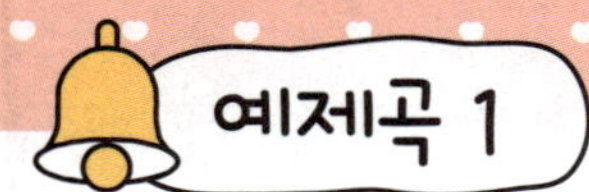

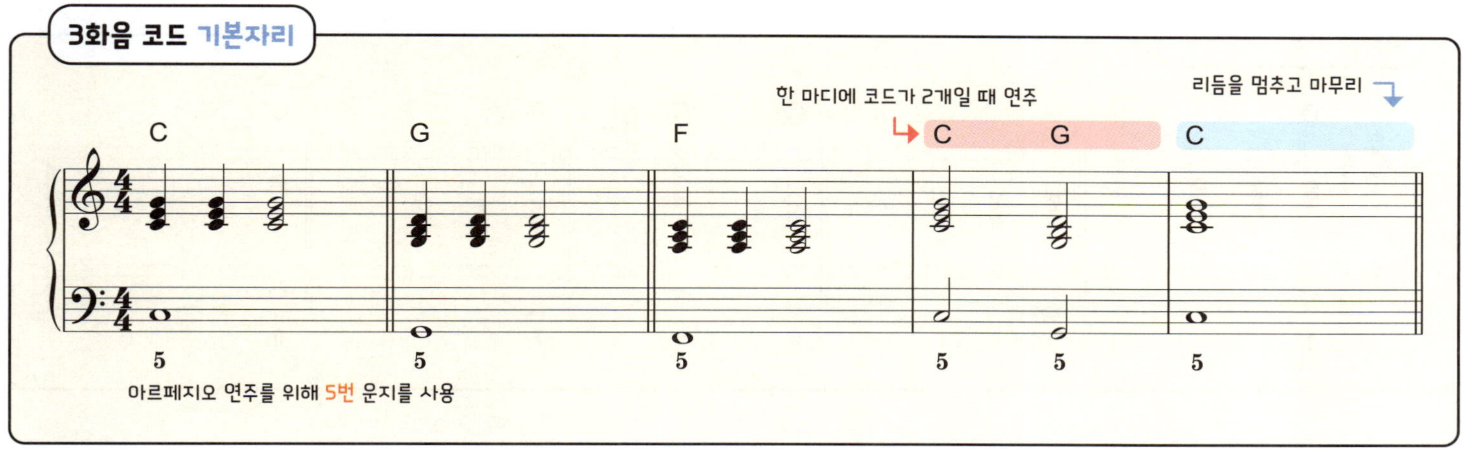

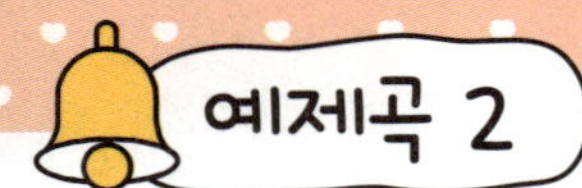

내게 있는 모든 것을

J. W. Van Deventer 작사
W. S. Weeden 작곡

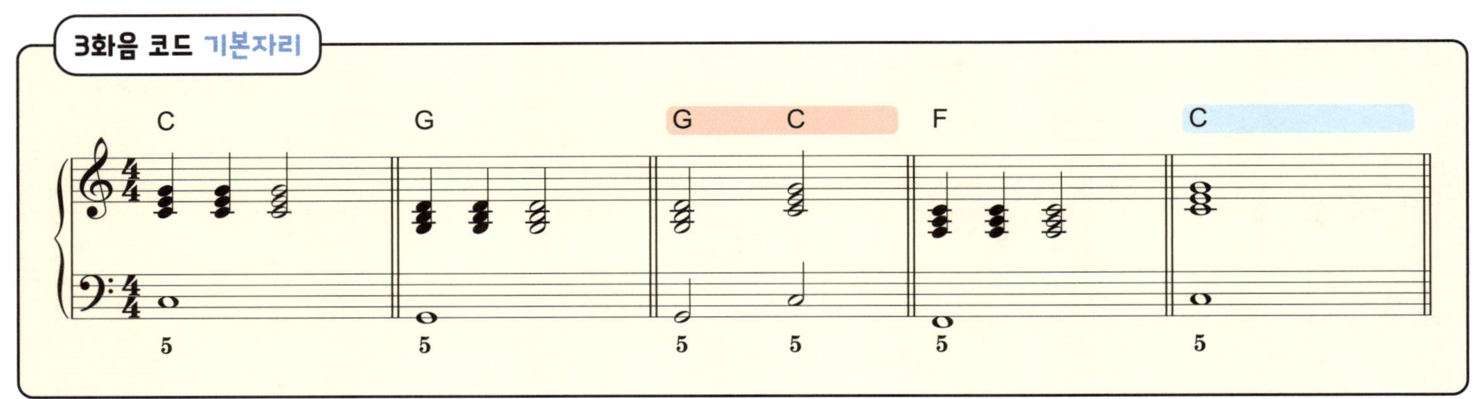

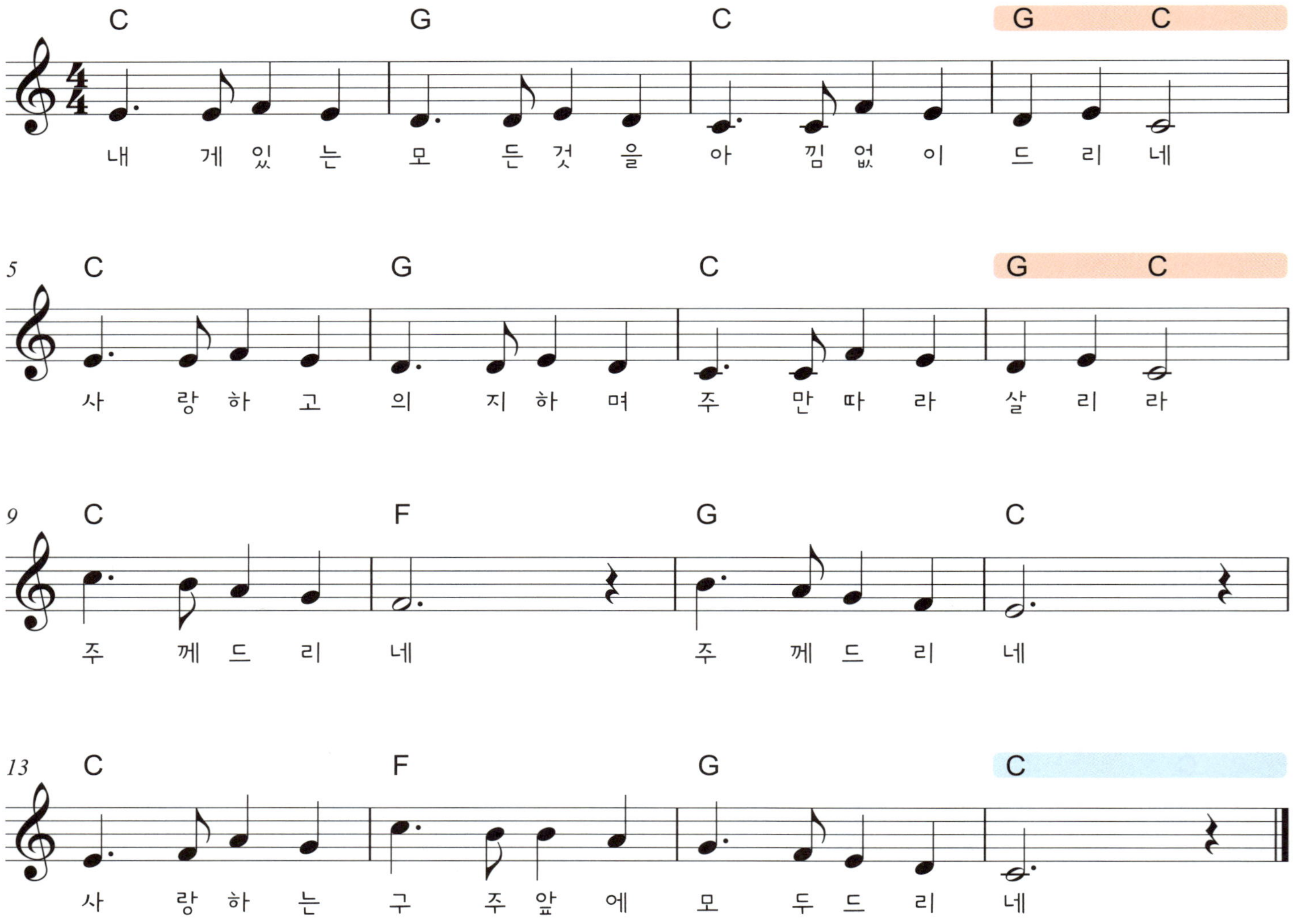

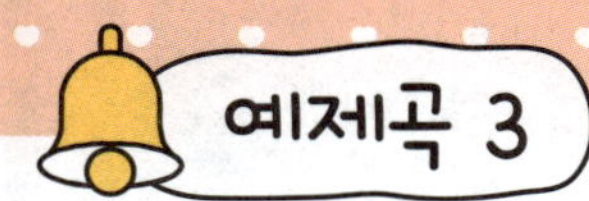

우리 기도를

G. Whelpton 작곡

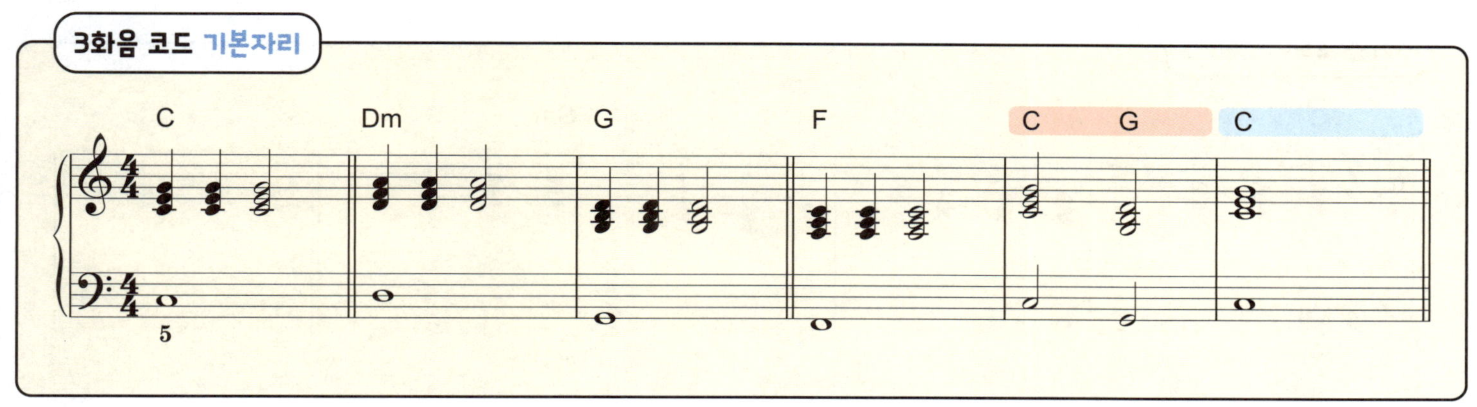

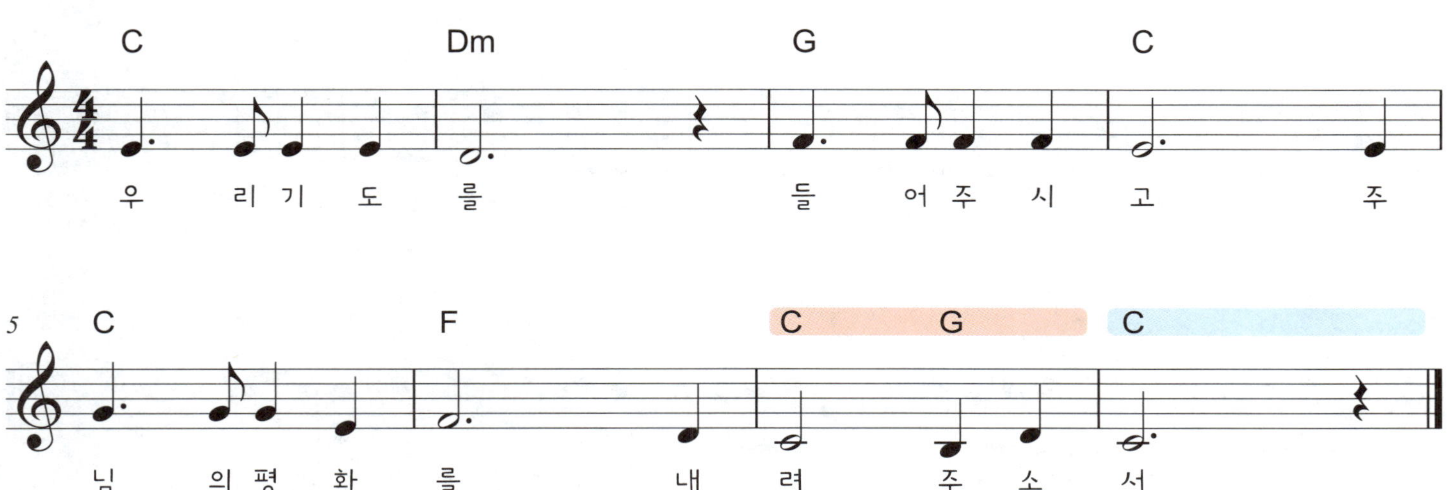

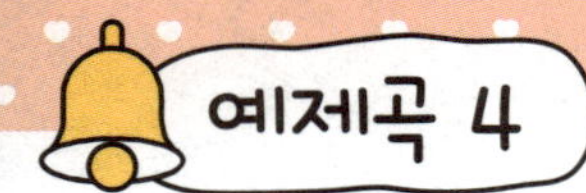

하나님께서 당신을 통해

김영범 작사·곡

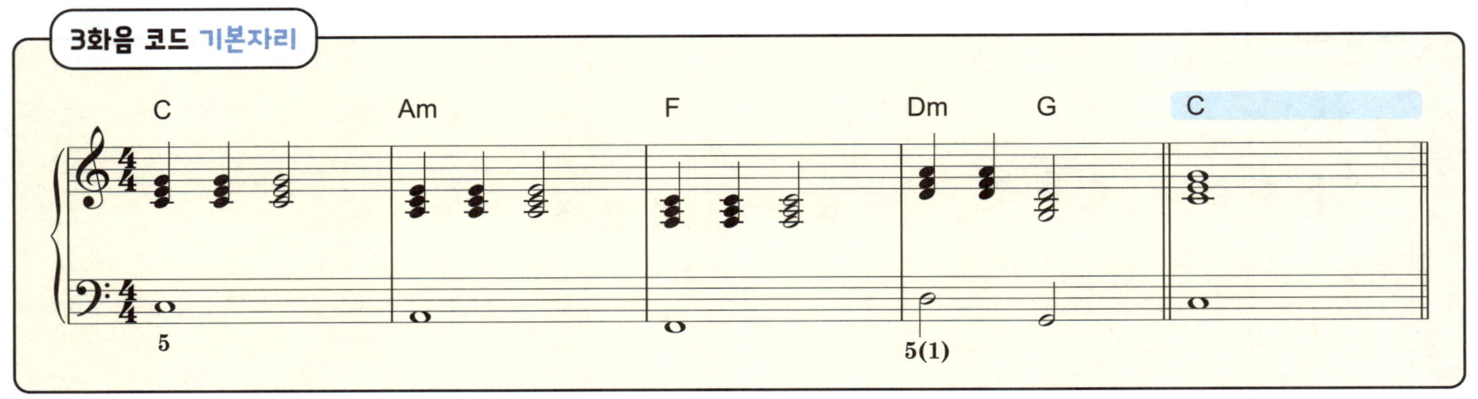

3화음 코드 자리바꿈 – 코드 구성음의 자리바꿈으로 화성의 진행을 매끄럽게 만들어 연주해 보세요.

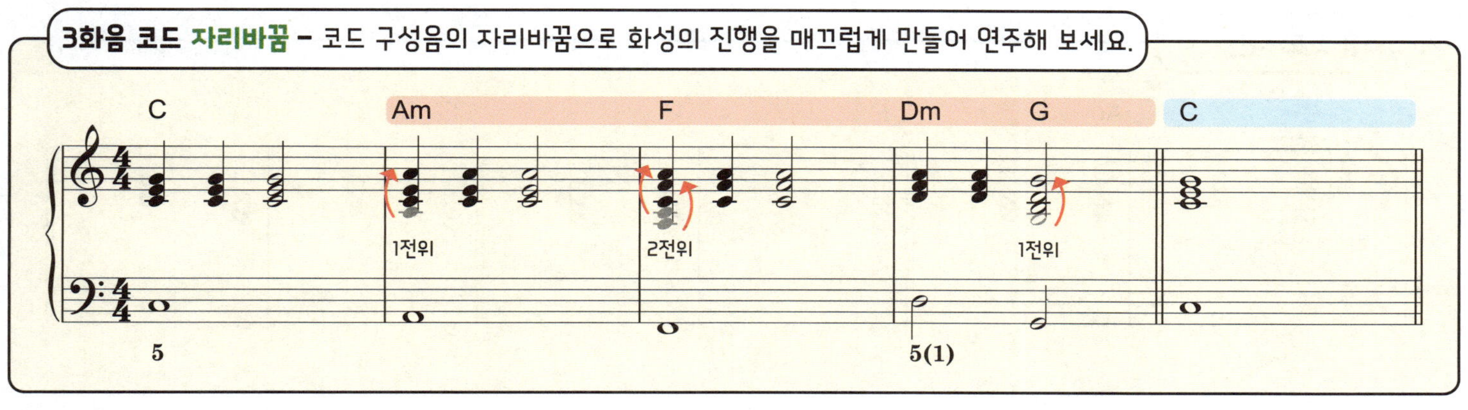

예수 사랑하심을

A. B. Warner 작사
W. B. Bradbury 작곡

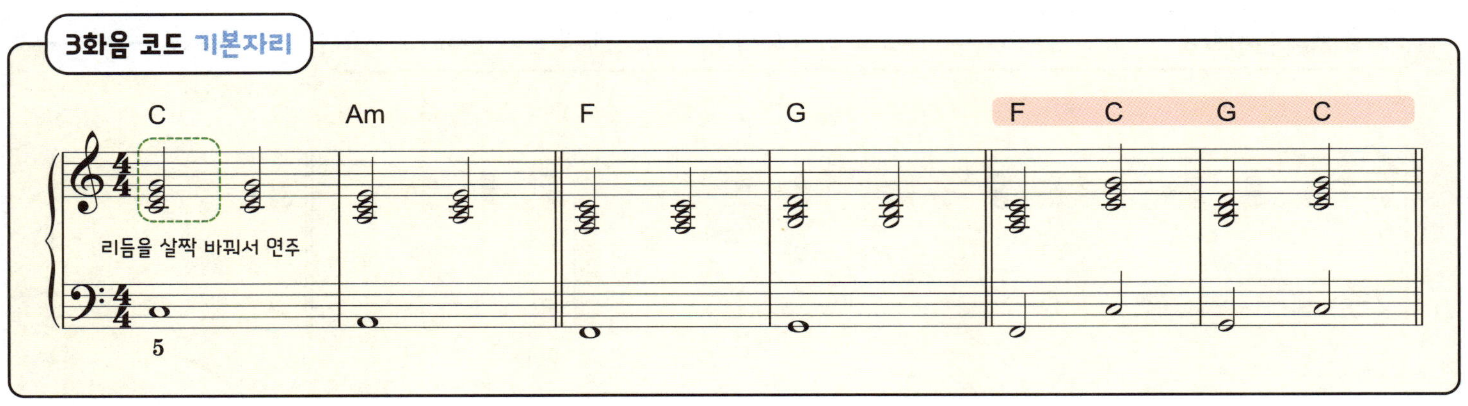

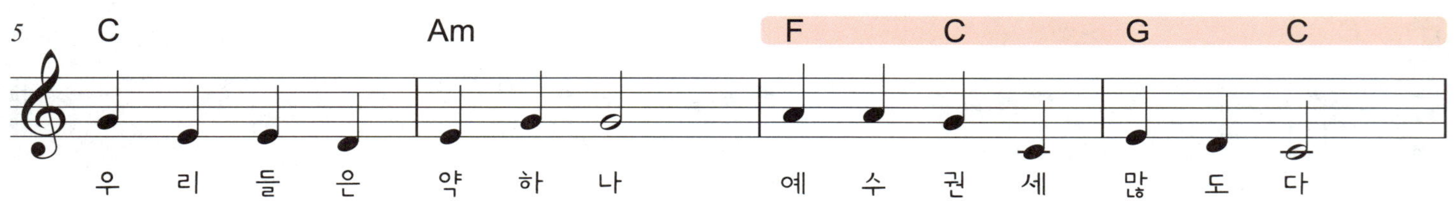

3화음 코드 자리바꿈 – 코드 구성음의 자리바꿈으로 화성의 진행을 매끄럽게 만들어 연주해 보세요.
C
F
G
C G C

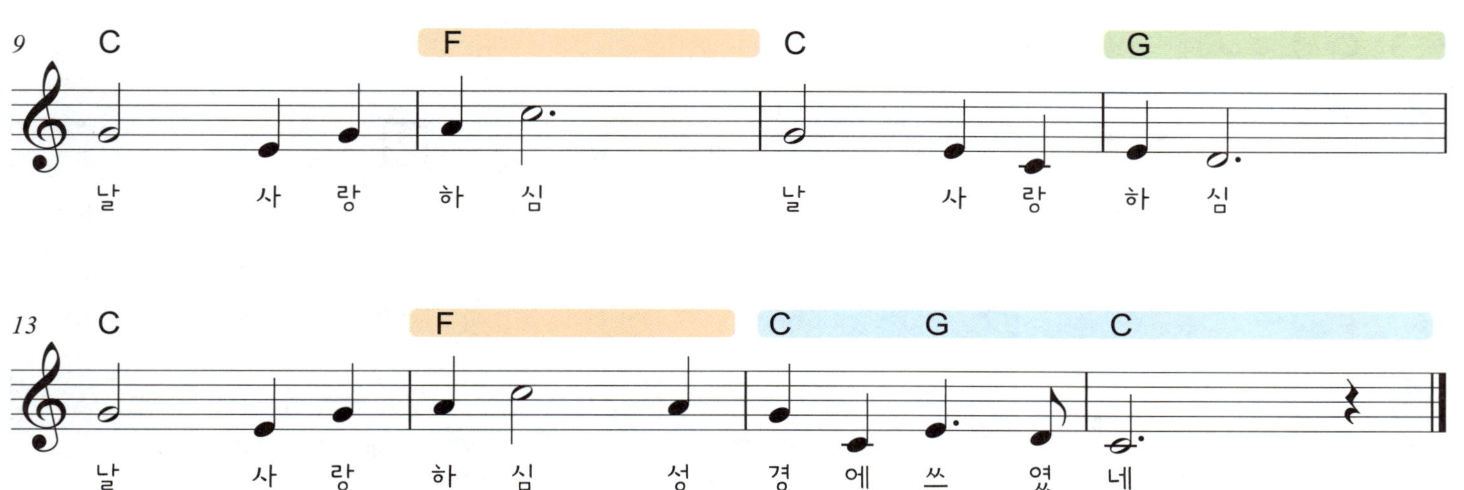

9
C
F
C
G
날 사 랑 하 심 날 사 랑 하 심
13
C
F
C G C
날 사 랑 하 심 성 경 에 쓰 셨 네

예제곡 6

당신은 사랑받기 위해 태어난 사람

이민섭 작사·곡

3화음 코드 기본자리

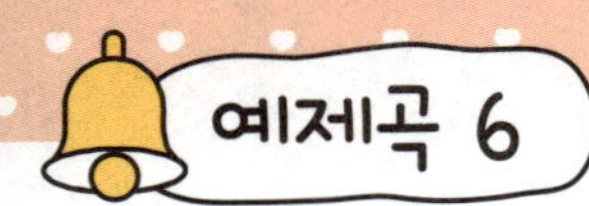

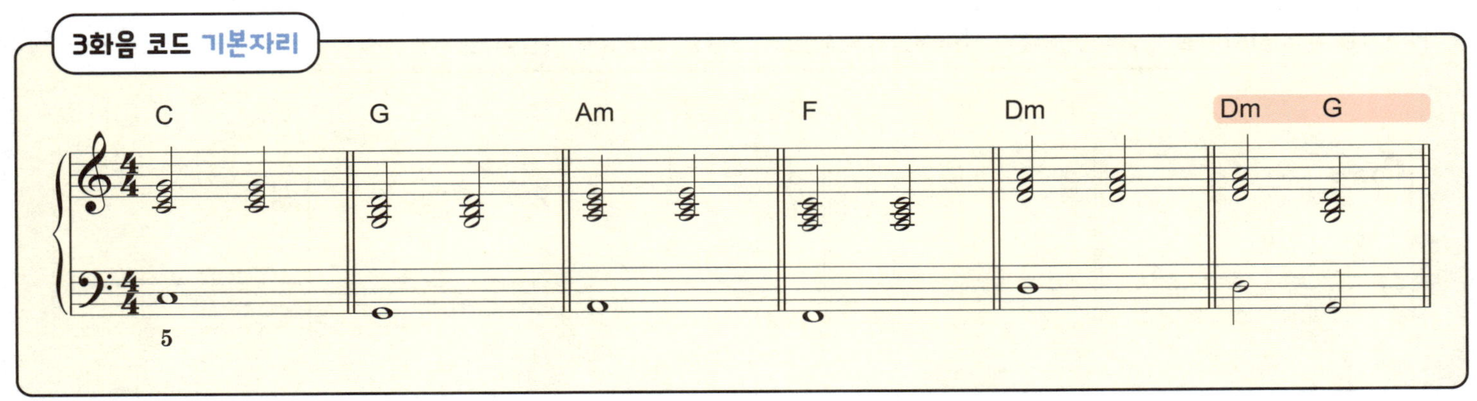

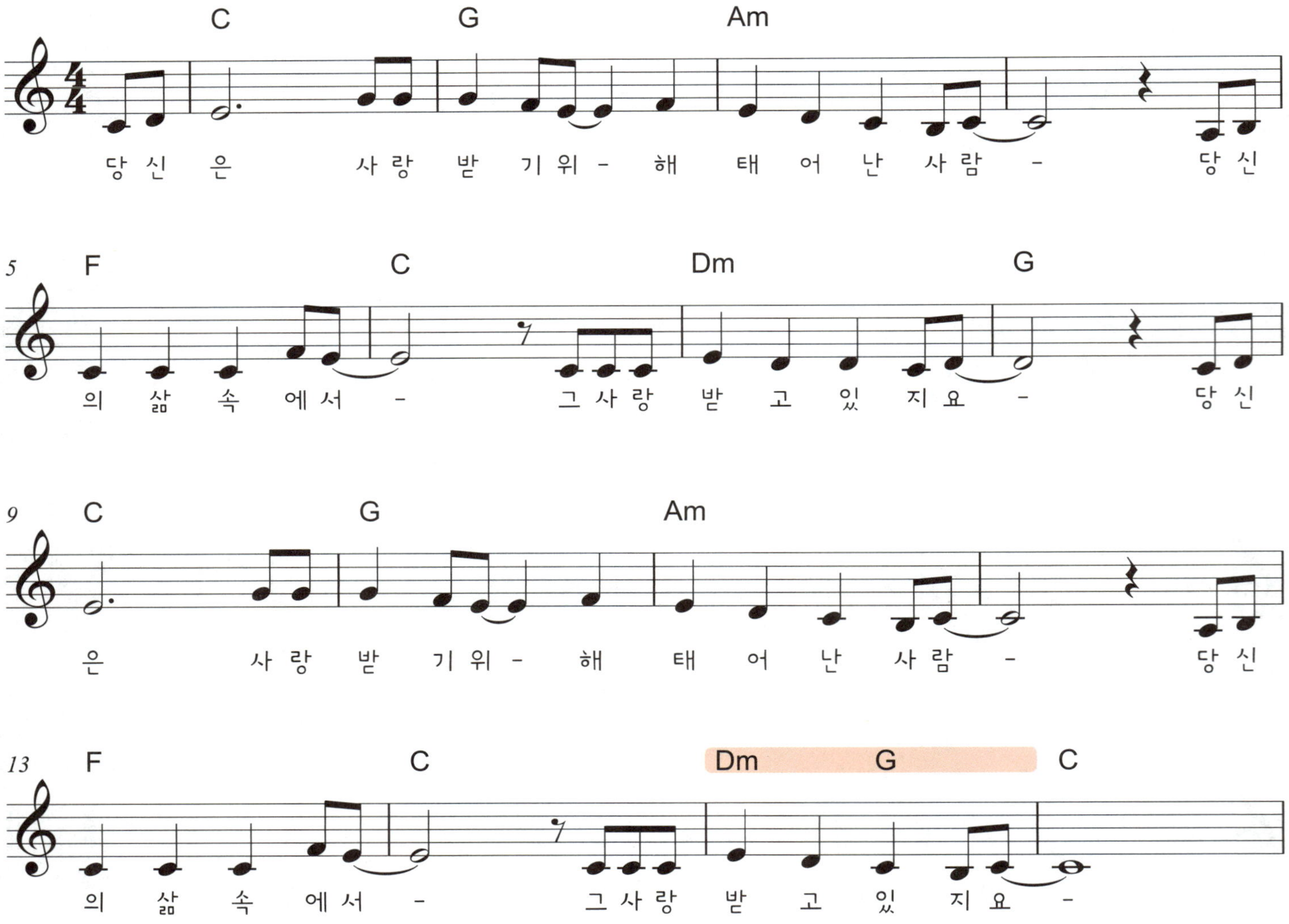

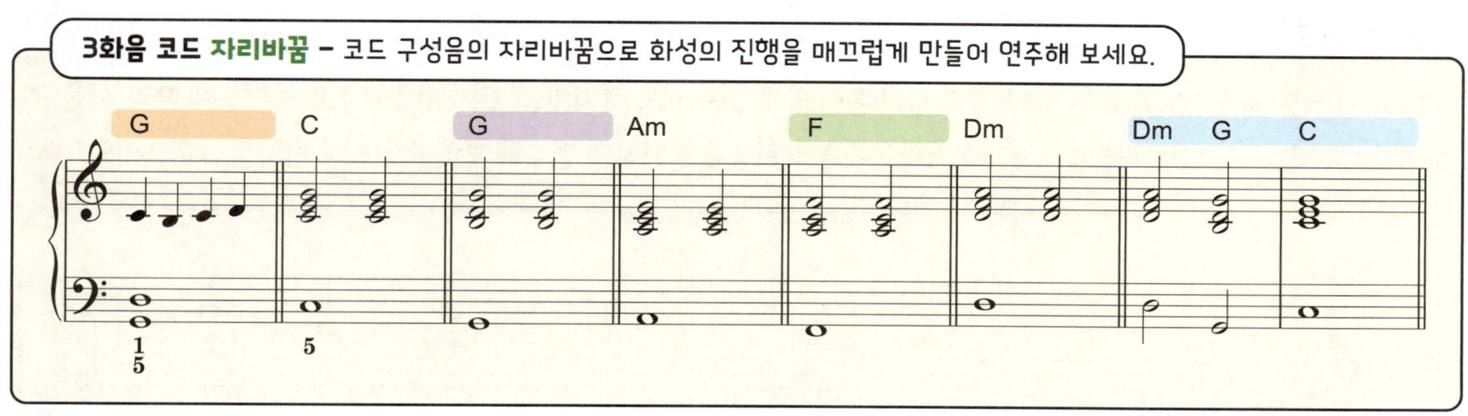

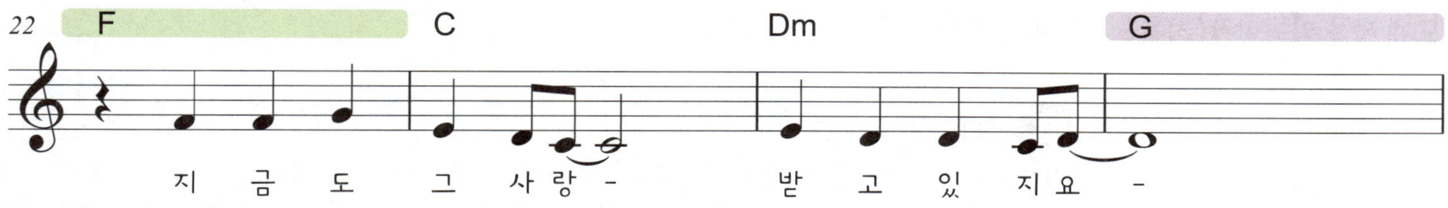

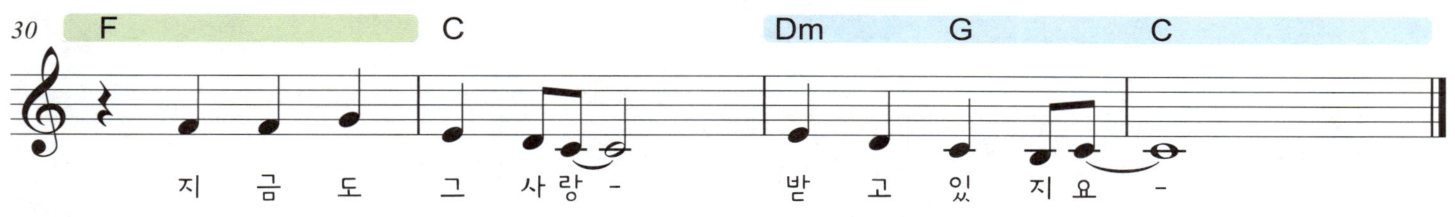

본 교재는 편의를 위해 못갖춘마디로 시작하는 곡의 종지를 모두 갖춘마디로 표기하였습니다.

Part 2

부가화음 add2

❶ 부가화음

지금까지 코드에서 기초가 되는 3화음을 충분히 훈련해 보았습니다. 하지만, CCM 반주는 코드 보이싱에 따라 사운드가 180도 달라집니다. 이번 파트부터는 기본 3화음에 부가화음을 추가하여 연주해 보며 사운드의 변화를 느껴보세요.

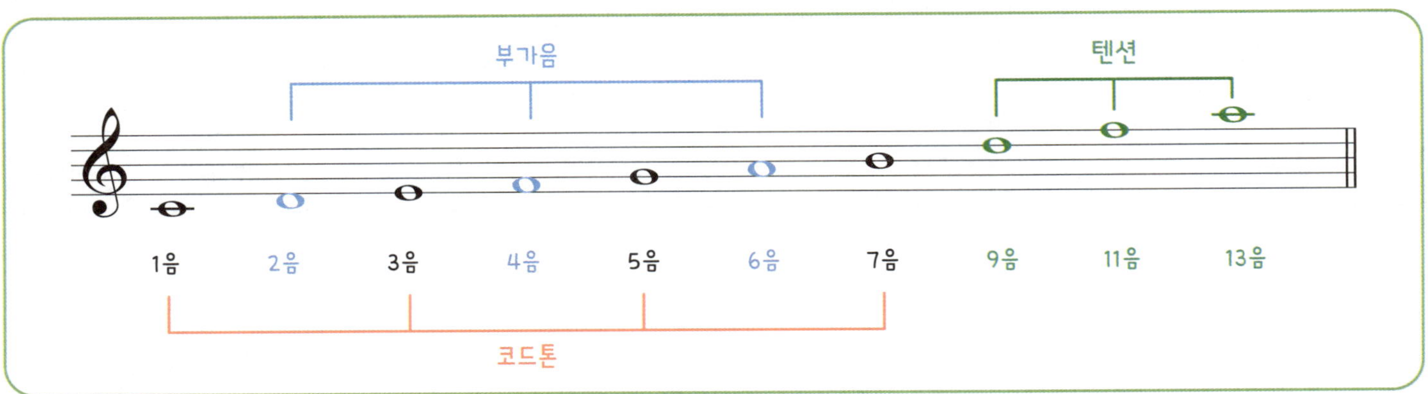

코드톤 : 기본 3화음에 7th 코드가 더해진 4화음의 구성음(1, 3, 5, 7음)을 지칭합니다.

부가화음 : 기본 3화음에 부가음(2, 4, 6음)을 추가하거나, 대체하는 화음으로 add2/sus2/sus4/6 코드를 사용합니다.

텐션 : 코드톤 위에 쌓는 음(9, 11, 13음)으로 반드시 7음을 포함하며, 텐션음에 임시표를 사용하여 연주하기도 합니다.

텐션의 사용은 곡의 느낌을 센세이션하게 변화시켜 주는 효과가 있지만, 텐션을 많이 사용하는 것이 모두 좋은 연주는 아닙니다. 또한 코드마다 사용 가능한 텐션이 다르기 때문에, 곡의 분위기에 따라서 적절히 적용하는 것이 좋습니다. 텐션 중 모든 코드에 사용 가능한 9(2)음을 적극 활용하여 곡에 적용해 보세요.

♫ **부가화음의 종류**

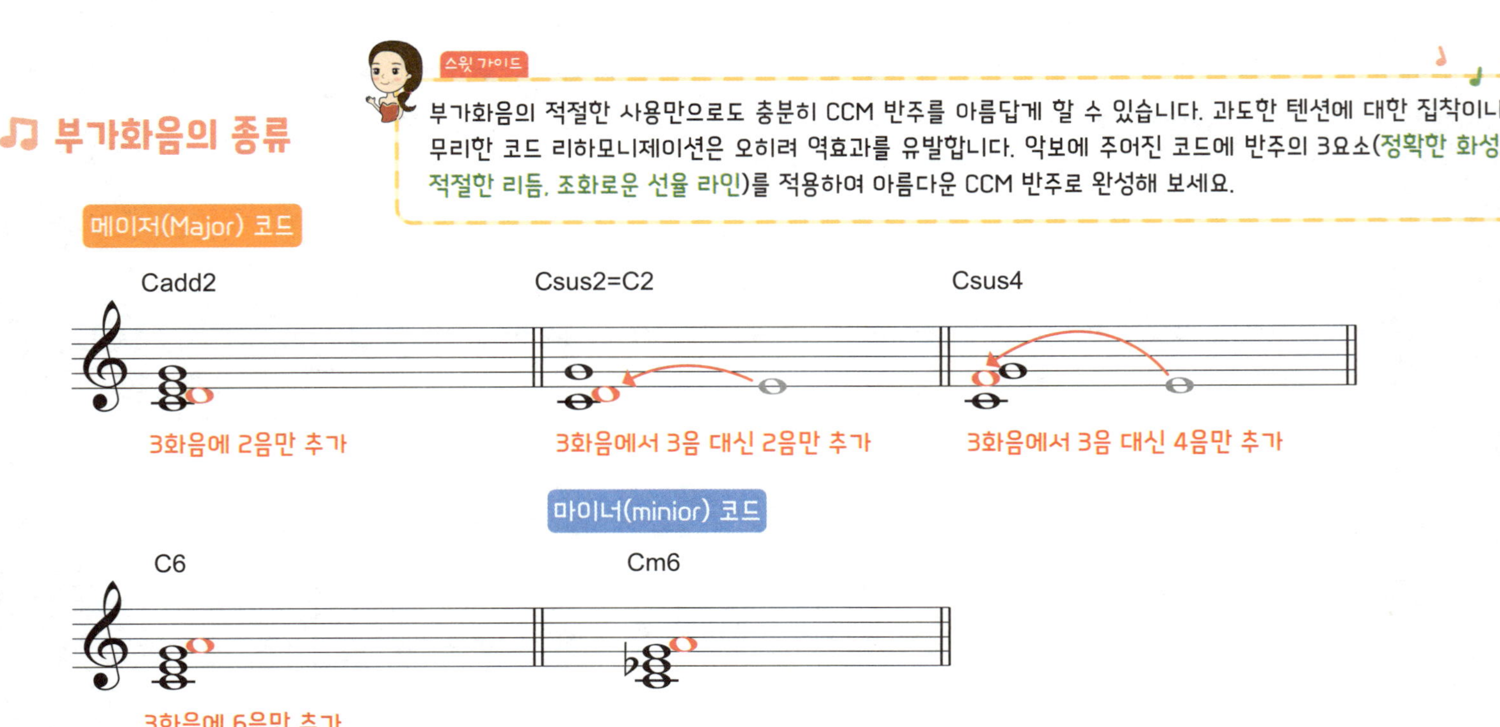

❷ add2 코드

'add'라는 동사는 '첨가(추가)하다, 덧붙이다'라는 뜻입니다. 이 동사가 코드 네임에 쓰일 때는 '그 음만 더하다'로 해석하시면 좋습니다.

❸ 코드 반주 기본 리듬 2

반주의 기초에서 멜로디를 연주하지 않는 코드 반주를 시작할 때 일반적으로 많이 연주되는 리듬은 4비트 리듬입니다. 4비트 리듬은 곡의 박 카운트를 4분음표 기준으로 세며 연주하는 것입니다. 4비트 리듬에는 여러 종류의 리듬이 있지만 코드 반주의 특성상 연주에 멜로디라는 기준이 없기 때문에 반주 기초 단계에서는 4분음표 박 카운트 프레이즈를 가지고 아름답게 연주함과 동시에, 내 안에서는 4분음표가 한번 쪼개어진 분할 박으로 카운트하며 연주할 수 있는 리듬이 좋습니다.

아래 리듬을 살펴보고 코드의 울림을 느끼며 천천히 연주해 보세요.

부가화음 add2 코드 기본자리 ♪

부가화음 add2 코드는 주로 메이저 코드에 사용합니다. 메이저 코드에 add2 코드를 적용하여 6key로 연습해 봅시다.

Fkey

Gkey

Akey

Chord Training

add2 코드 기본자리 형태의 반주를 아래에 주어진 코드 진행만 보고 연습해 봅시다.

Ckey

| Cadd2 | Fadd2 | Gadd2 | Cadd2 |

Dkey

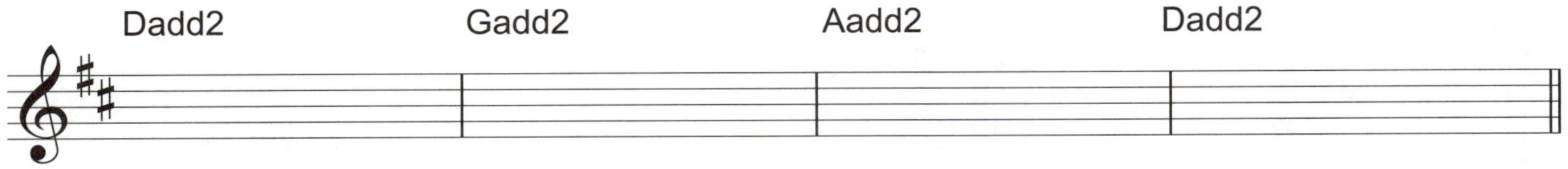

| Dadd2 | Gadd2 | Aadd2 | Dadd2 |

Ekey

| Eadd2 | Aadd2 | Badd2 | Eadd2 |

Fkey

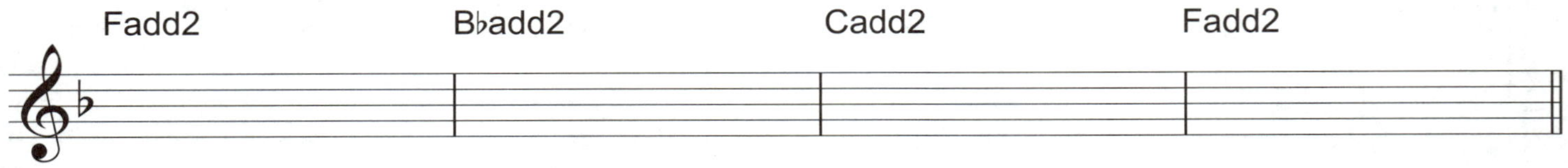

| Fadd2 | B♭add2 | Cadd2 | Fadd2 |

Gkey

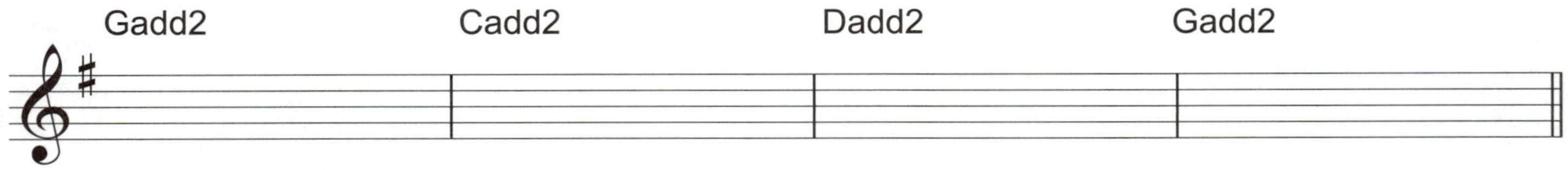

| Gadd2 | Cadd2 | Dadd2 | Gadd2 |

Akey

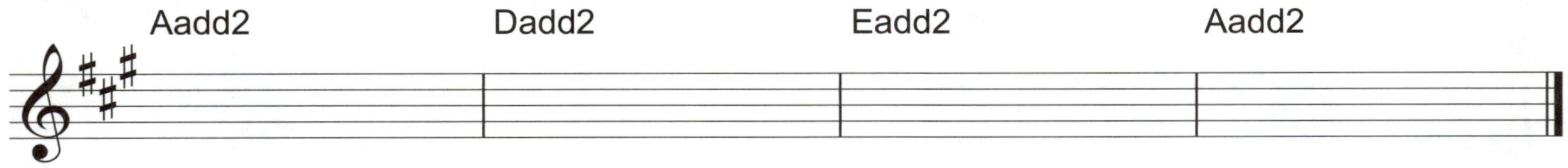

| Aadd2 | Dadd2 | Eadd2 | Aadd2 |

좋으신 하나님

작자 미상

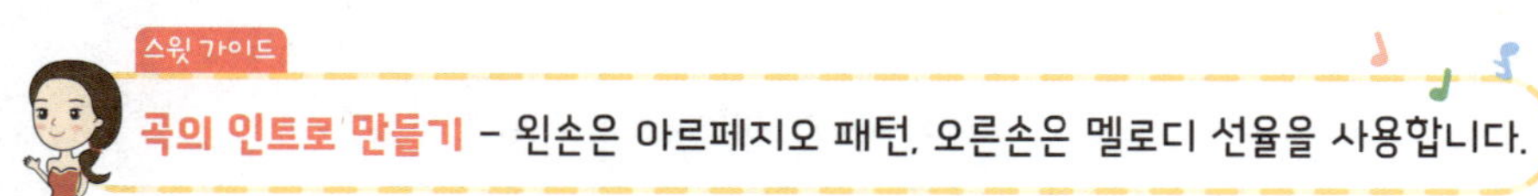

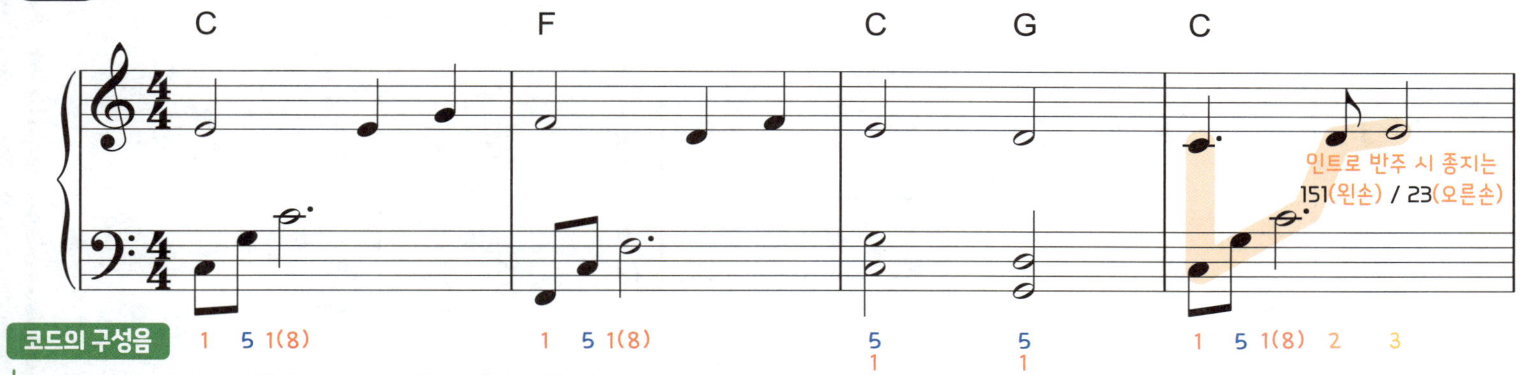

↳ 왼손 반주는 코드의 구성음을 사용하여 다양한 리듬으로 연주합니다.

우리 기도를

G. Whelpton 작곡

Intro 8~12마디의 멜로디를 인트로 반주로 활용해 보세요.

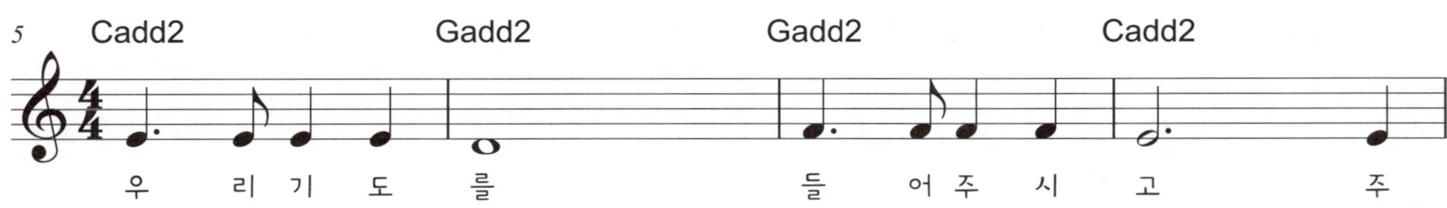

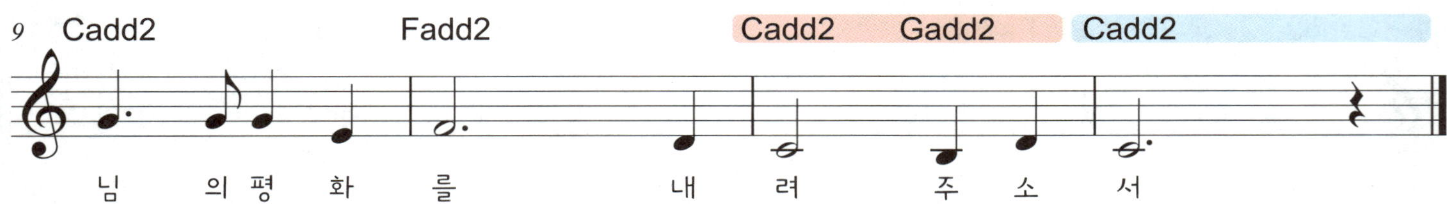

리듬이 쉬는 부분에 선율 라인을 만들어 연주해요

선율 라인은 반주에서 흔히 애드립 또는 필인이라고 하는 기법으로, 수직적으로 코드를 쌓는 코드 보이싱과는 다르게 수평적으로 선율을 만들어주는 기법입니다. 너무 방대하고 어려울 것 같아 보이지만 몇 가지 방법을 통해 쉽게 배우고 익혀봅시다.

선율을 만드는 기법은 연주자마다 제각기 다를 수 있지만 공통적으로 정확한 코드 보이싱에서 시작되며, 코드 구성음(코드톤)으로 선율의 상행, 하행 라인을 통해 화성과 화성을 연결 짓거나, 코드톤을 그대로 사용하여 리듬을 적용해 나열하거나, 멜로디 선율을 부분적으로 사용하여 리듬이 쉬는 부분에 라인을 만들어 아름답게 연주합니다. 주의할 점은 멜로디 라인과 부딪히거나 곡 전체의 흐름을 방해하는 지나친 선율 라인 기법의 사용은 지양하는 것이 좋습니다.

아래 악보를 통해 일반적으로 많이 사용하고 쉽게 접근할 수 있는 선율 라인을 살펴봅시다.

❶ 다음에 오는 탑노트와 연결하는 라인

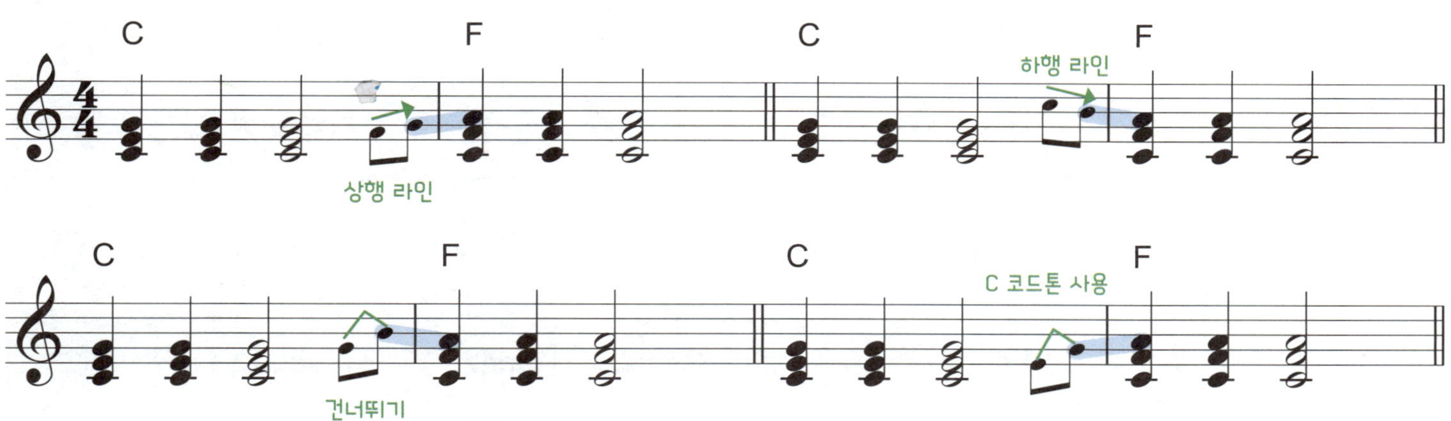

❷ 다음에 오는 코드톤과 연결하는 라인

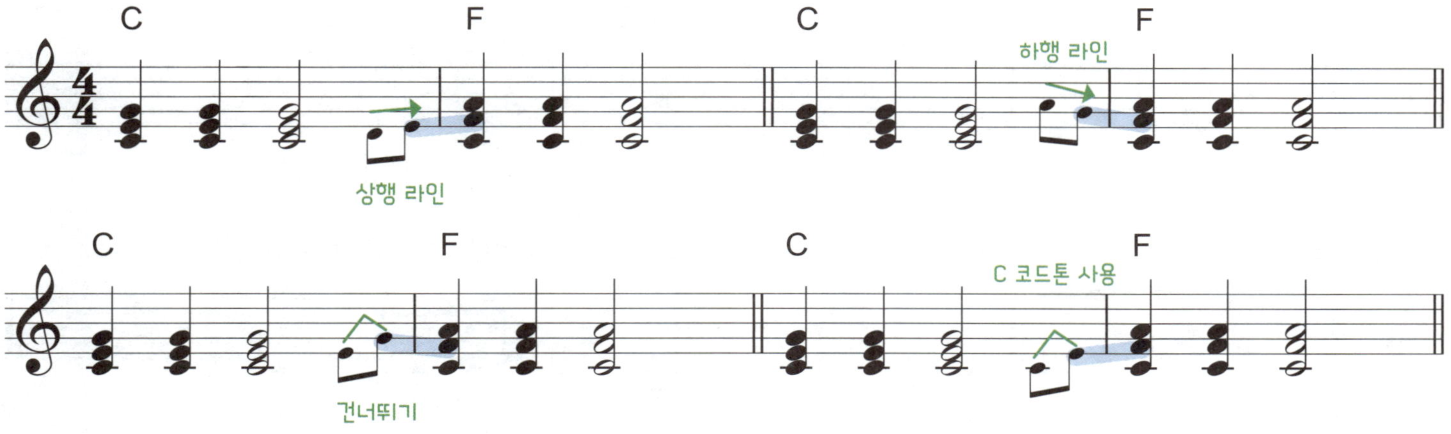

죄짐 맡은 우리 구주

J. Scriven 작사
C.C. Converse 작곡

부가화음 add2 코드 기본자리

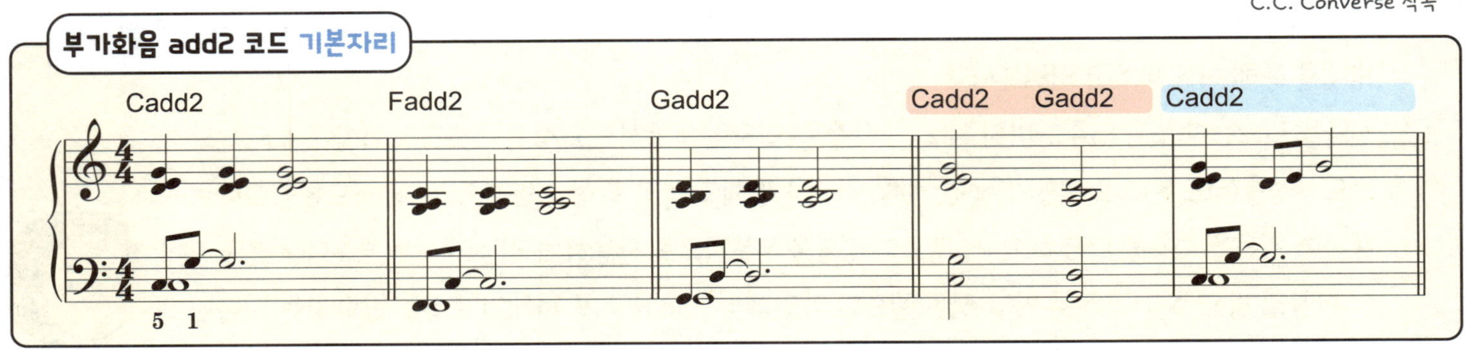

Intro 17~20마디의 멜로디를 인트로 반주로 활용해 보세요.

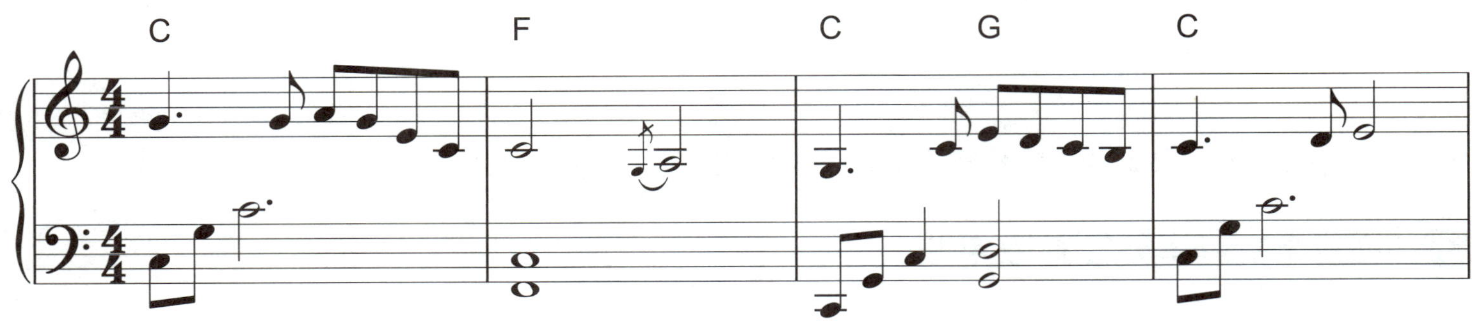

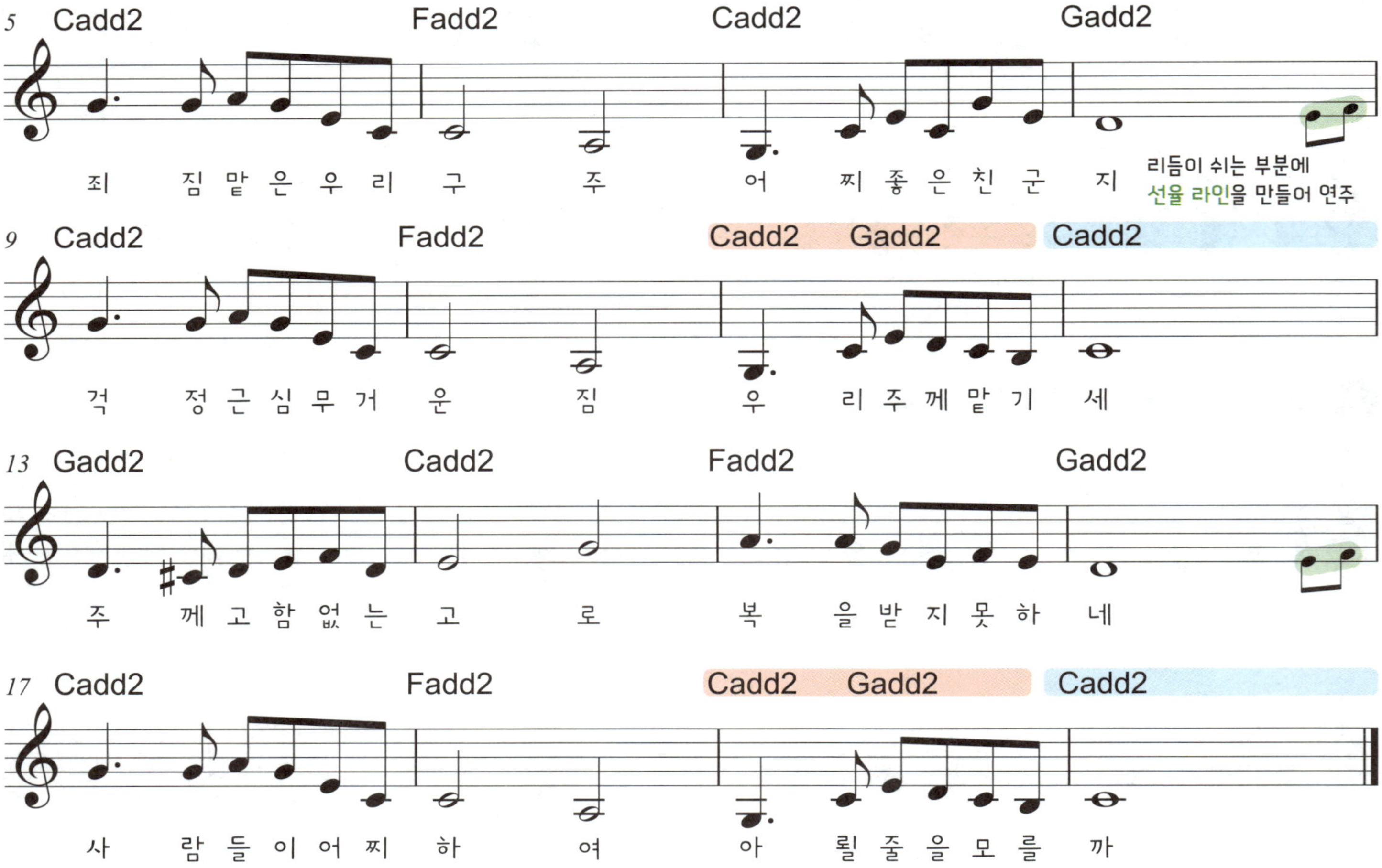

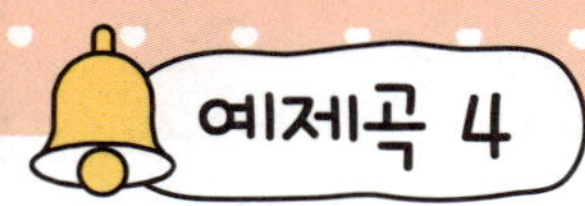

주 달려 죽은 십자가

I. Watts 작사
L. Mason 작곡

부가화음 add2 코드 기본자리

Intro 17~20마디의 멜로디를 인트로 반주로 활용해 보세요.

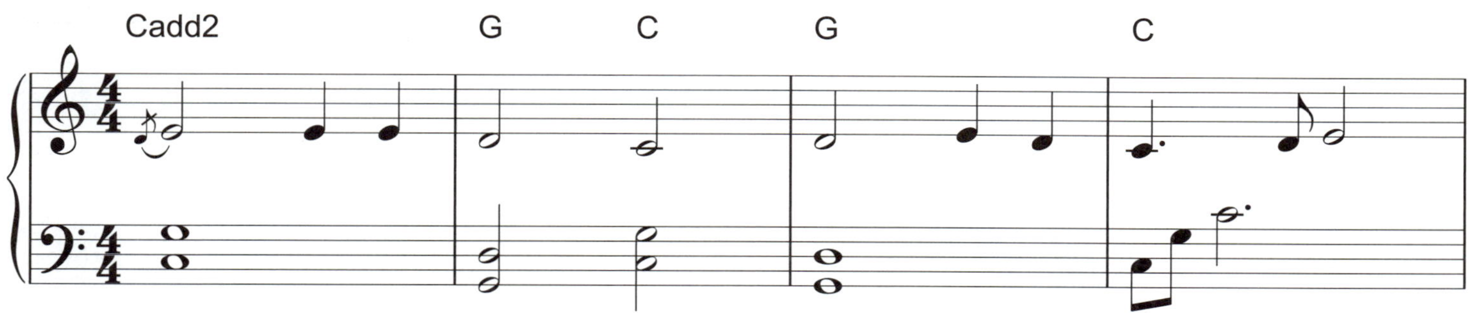

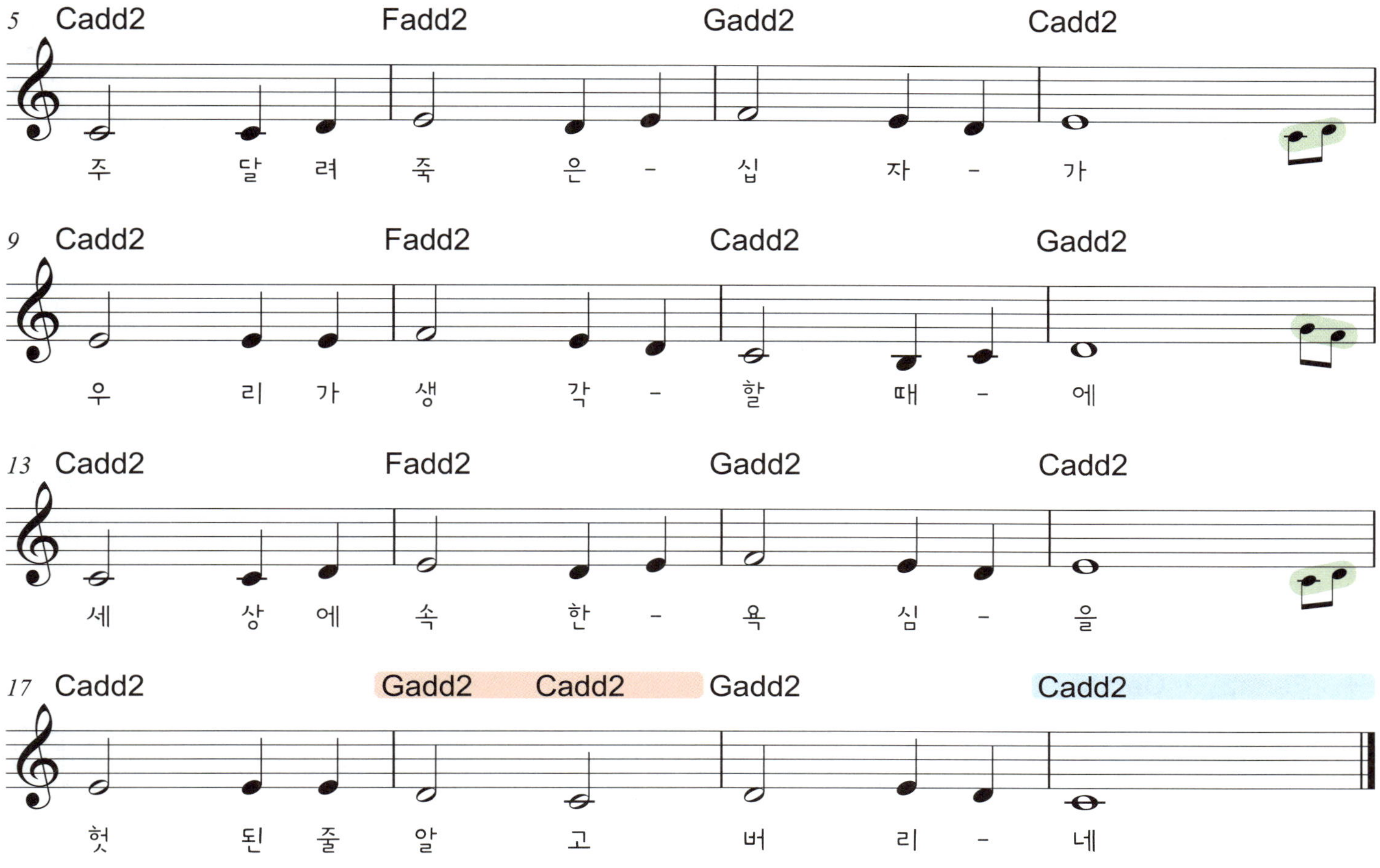

5

9

13

17

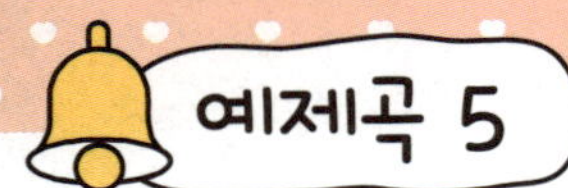

사명

이권희 작사·곡

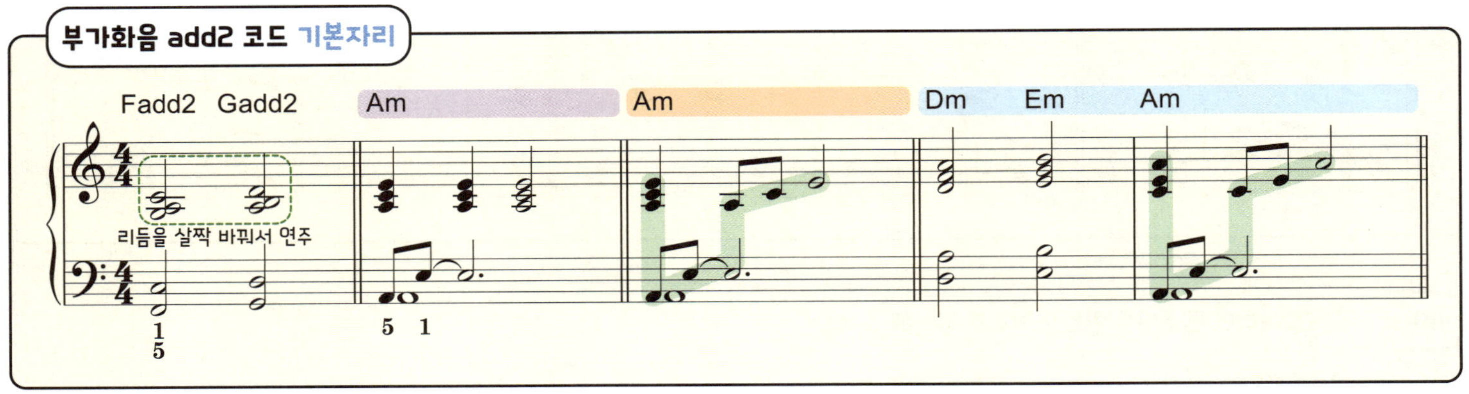

Intro 4~6마디와 27~28마디의 멜로디를 인트로 반주로 활용해 보세요.

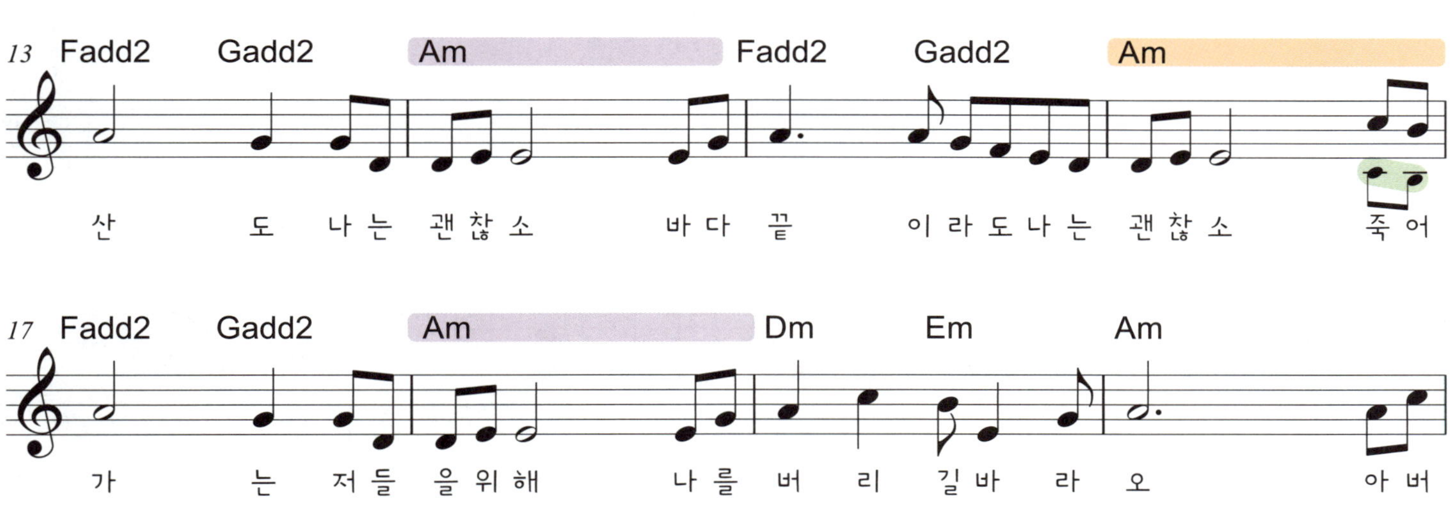
Fadd2 Gadd2 Am
산   도 나 는 괜찮소
Fadd2 Gadd2 Am
바 다 끝 이 라 도 나 는 괜찮소
죽 어
Fadd2 Gadd2 Am Dm Em Am
가   는 저 들 을 위 해
나 를 버 리 길 바 라 오
아 버

F G Am F G Cadd2
지   나 를 보 내 주 오
나 는 달 려 가 겠 소

Bdim E Am Gadd2 Fadd2 Dm Em Am
목   숨 도 아 끼 지 않 겠 소
나 를 보 내 주 오

부가화음 add2 코드 자리바꿈 ♪

add2 코드 구성음의 자리바꿈으로 화성이나 멜로디 라인의 진행을 매끄럽게 연주해 봅시다.

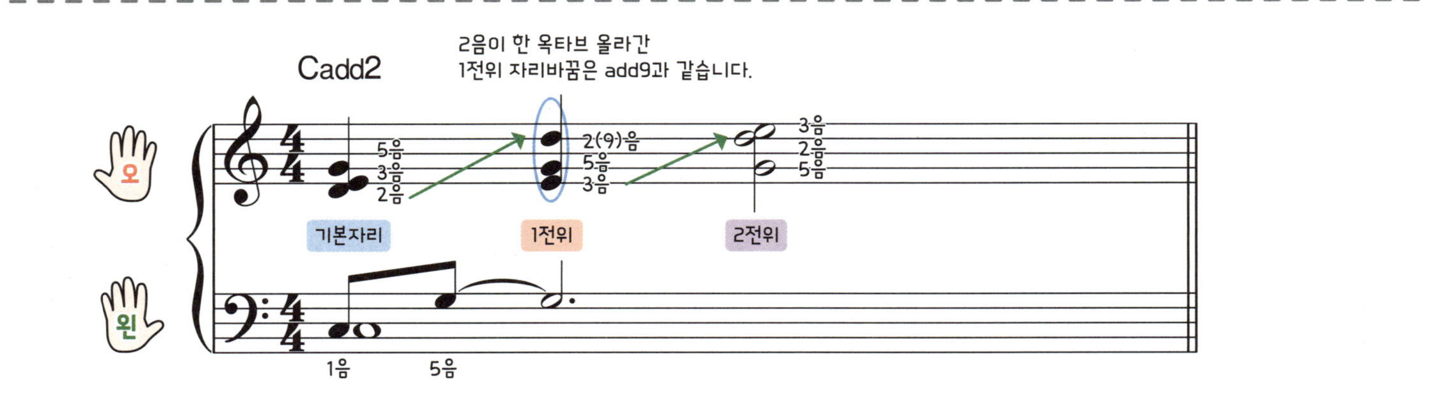

Ckey

Ekey

Fkey

Gkey

Akey

Chord Training

add2 코드 자리바꿈 형태의 반주를 아래에 주어진 코드 진행만 보고 연습해 봅시다.

Ckey

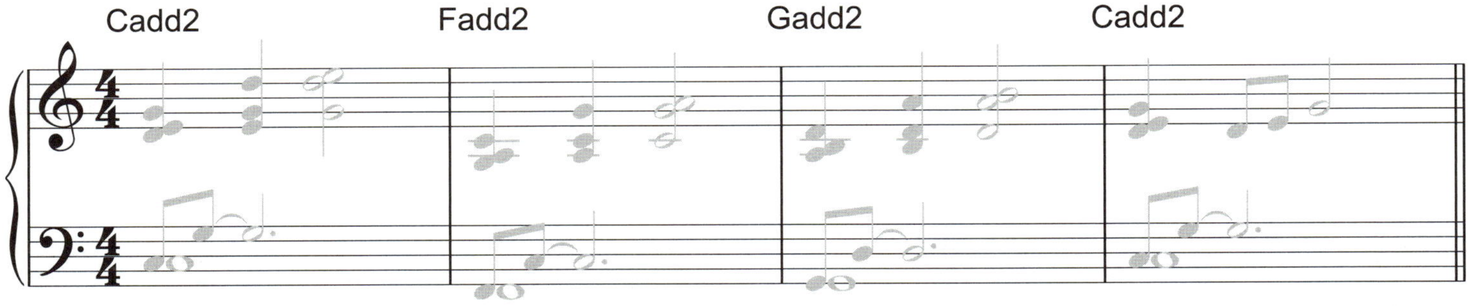

| Cadd2 | Fadd2 | Gadd2 | Cadd2 |

Dkey

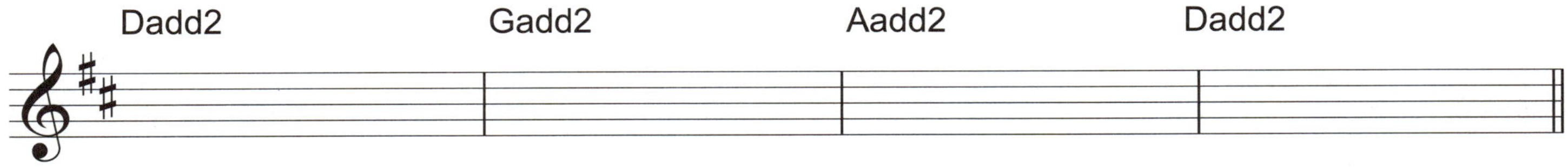

| Dadd2 | Gadd2 | Aadd2 | Dadd2 |

Ekey

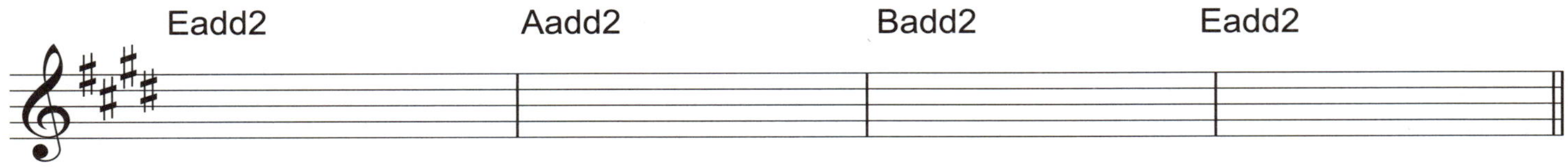

| Eadd2 | Aadd2 | Badd2 | Eadd2 |

Fkey

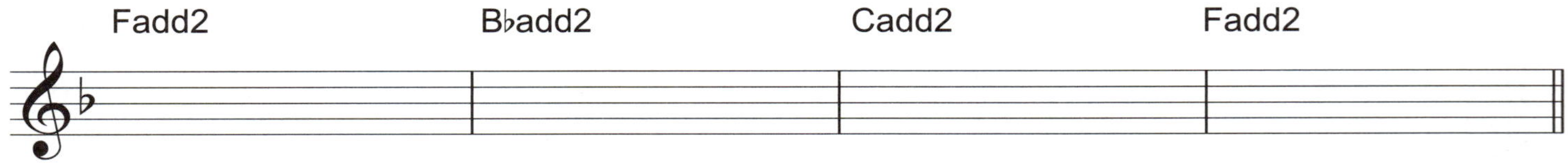

| Fadd2 | B♭add2 | Cadd2 | Fadd2 |

Gkey

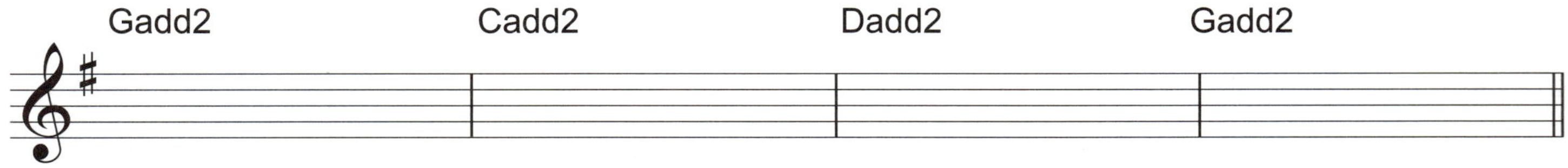

| Gadd2 | Cadd2 | Dadd2 | Gadd2 |

Akey

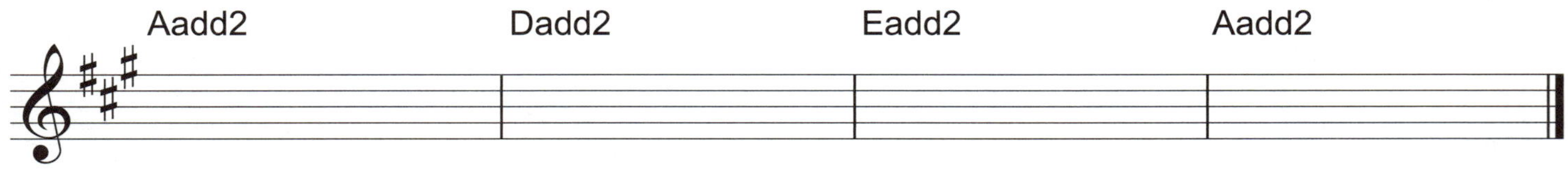

| Aadd2 | Dadd2 | Eadd2 | Aadd2 |

주를 위한 이곳에

김준영 작사
임선호 작곡

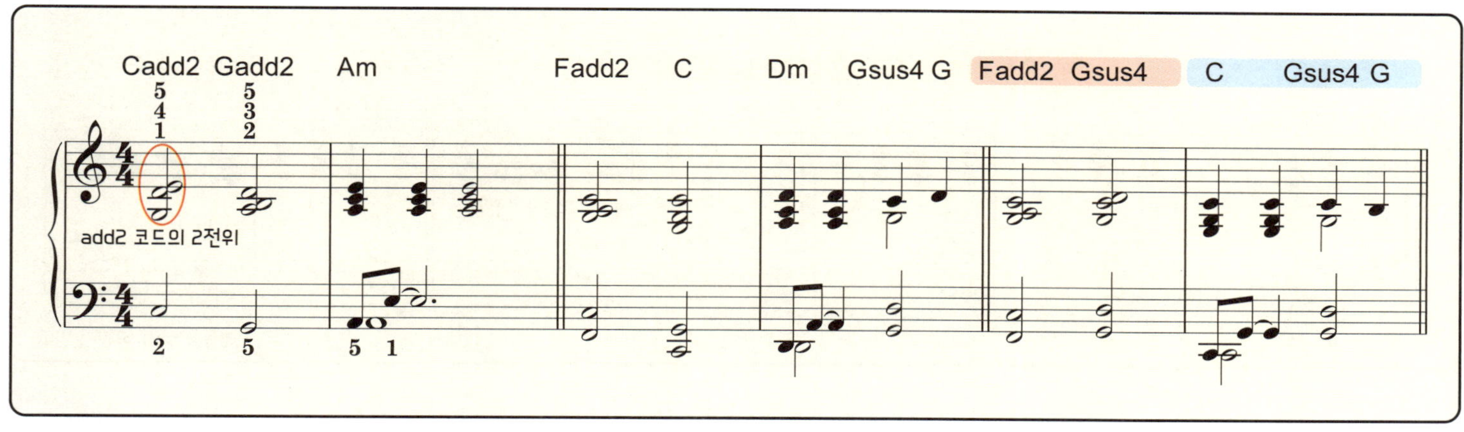

Intro 원곡의 인트로 선율을 응용하여 인트로 반주로 활용해 보세요.

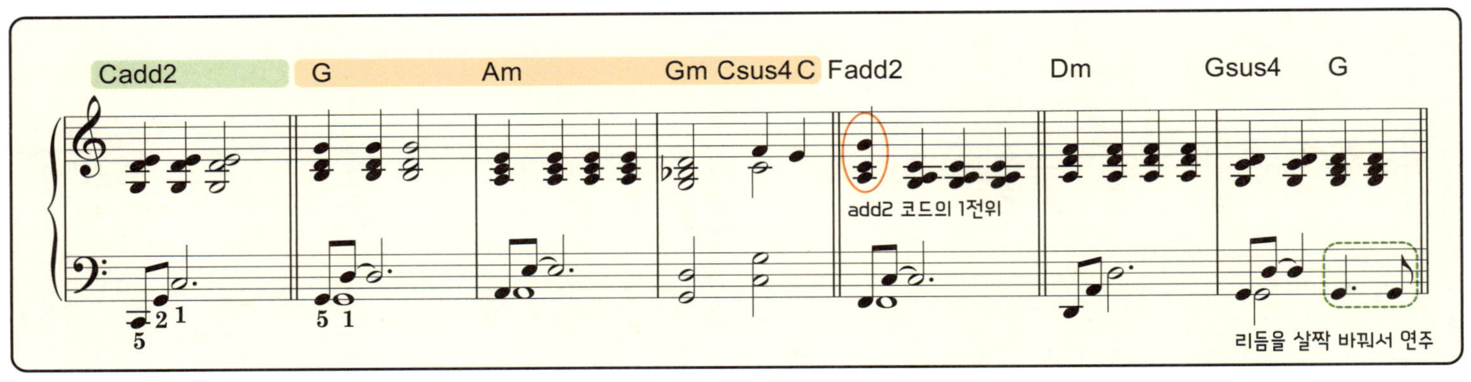

Cadd2   G   Am   Gm Csus4 C Fadd2   Dm   Gsus4   G
add2 코드의 1전위
5 2 1
5 1
리듬을 살짝 바꿔서 연주

14 Cadd2   G   Am   Gm   Csus4 C
로   이곳에 서 있 네 주임재 - 에   엎드려 절하 네 -   그

18 Fadd2   Cadd2   Dm   Gsus4   G
어느것도 -   난 필요없네 -   주 님만 -   경배 - 해 -   주은혜 -

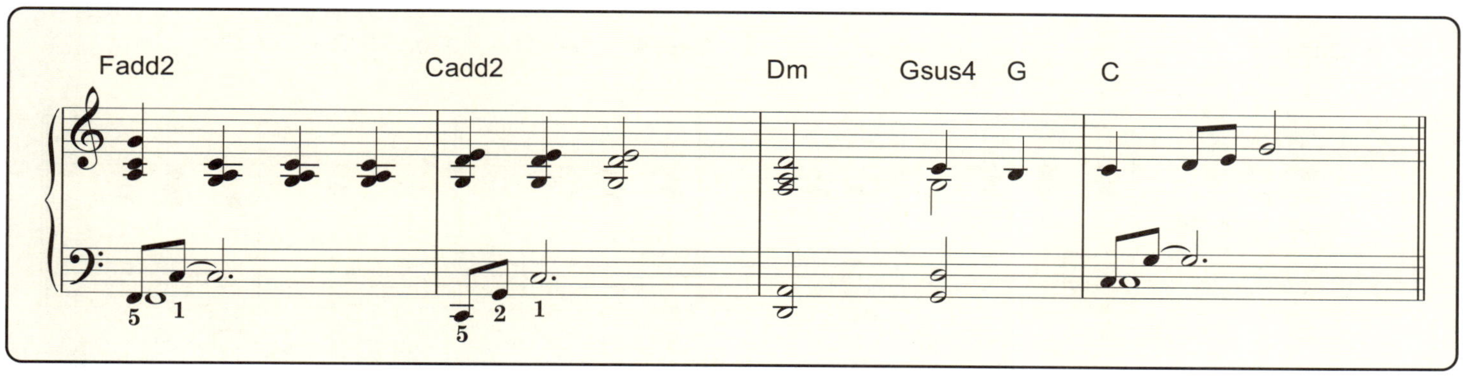
Fadd2
Cadd2
Dm   Gsus4 G   C
5 1
5 2 1

22 Cadd2   G   Am   Gm   Csus4 C
로   이곳에 서 있 네 주 임재 - 에   엎드려 절하 네 - 그

26 Fadd2   Cadd2   Dm   Gsus4 G   C
어 느것 도 -   난 필요없네 - 주 님만 -   경배 - 해

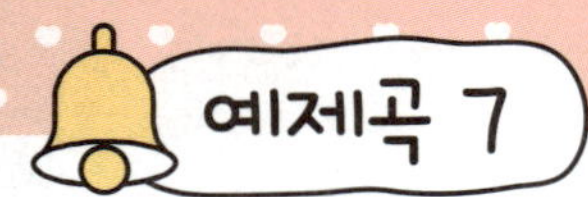

주님 나를 부르셨으니

윤용섭 작사·곡

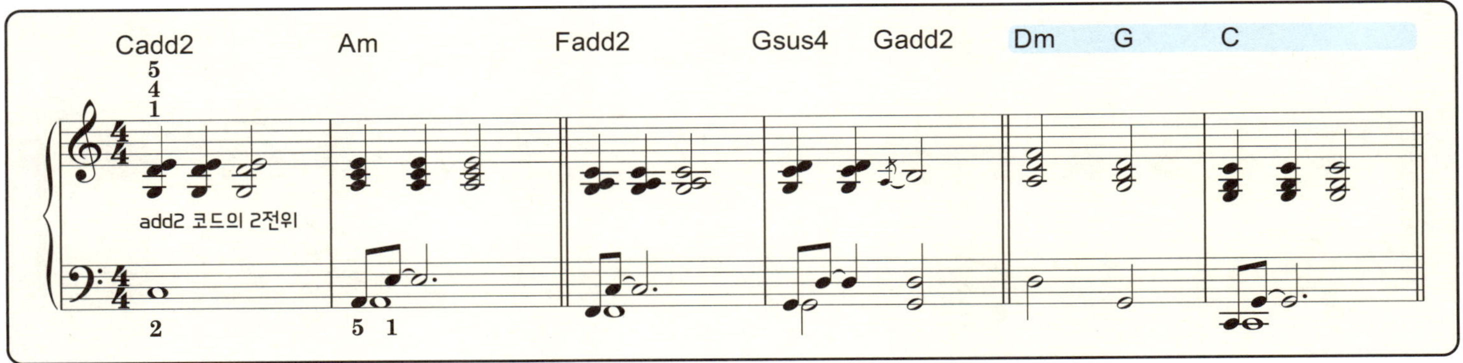

Intro 5~8마디의 코드 진행을 인트로 반주로 활용해 보세요.

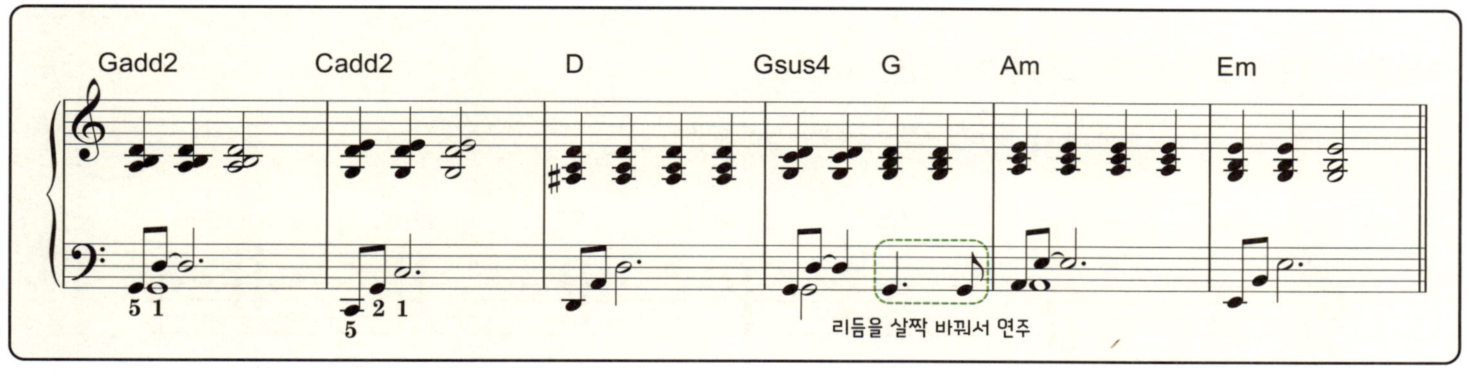

Gadd2
Cadd2
D
Gsus4 G
Am
Em
5 1
5 2 1
리듬을 살짝 바꿔서 연주

13 Gadd2
Cadd2
D
Gsus4 G
님   주 - 님   나의기 도들으사   영원
17 Am
Em
Dm   G   C
토 록주 님만을   사모하   게하옵소   서

Part 3

7th 코드 보이싱

❶ 7th 코드

3화음에 7음을 위로 쌓아 만든 화음(Chord)입니다.

* 다이아토닉 하모니(Diatonic Harmony) : 스케일의 구성음으로만 쌓아 올린 화성

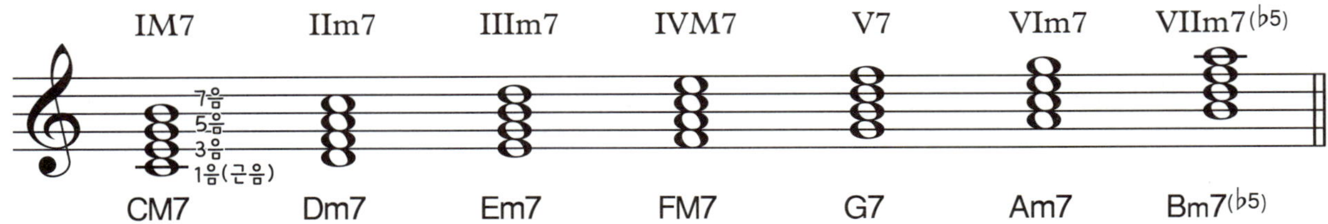

❷ 7th 코드의 종류

7th 코드의 종류에는 여러 가지가 있지만 기본 코드 반주에서 많이 쓰이는 아래의 다섯 가지 코드를 꼭 기억하세요.

C Major 7 (C 메이저 세븐)	CM7		도 미 솔 시
↰ 생략하고 읽어요 C Dominant 7 (C 세븐)	C7		도 미 솔 시♭
C minor 7 (C 마이너 세븐)	Cm7		도 미♭ 솔 시♭
C minor 7 Flat Five (C 마이너세븐 플랫파이브)	Cm7(♭5)		도 미♭ 솔♭ 시♭
C diminished 7 (C 디미니쉬 세븐)	Cdim7		도 미♭ 솔♭ 시♭♭

❸ 7th 코드 보이싱

코드 보이싱이란 수직적인 순서, 즉 1음, 3음, 5음, 7음으로 쌓은 코드 구성음들을 가장 아름다운 울림으로 재배치하는 것입니다. 코드의 구성음들을 연주자의 양손에 어떻게 배치하느냐에 따라서 곡의 느낌이 아주 달라집니다.

7th 코드의 7음은 다음 음으로 해결되려는 아주 불안정한 특징이 있습니다. 따라서, 7음을 외성보다는 내성으로 연주하기도 하고, 근음(1음)을 양손으로 중복하지 않고 왼손에만 배치하여 연주하기도 합니다. 7th 코드의 종류에는 여러 가지가 있으나, 우선 가장 중요한 메이저 세븐과 마이너 세븐 기본 코드를 아름답게 연주해 봅시다.

🎵 메이저 세븐과 마이너 세븐의 코드 보이싱 (근음 왼손배치 자리바꿈 형태)

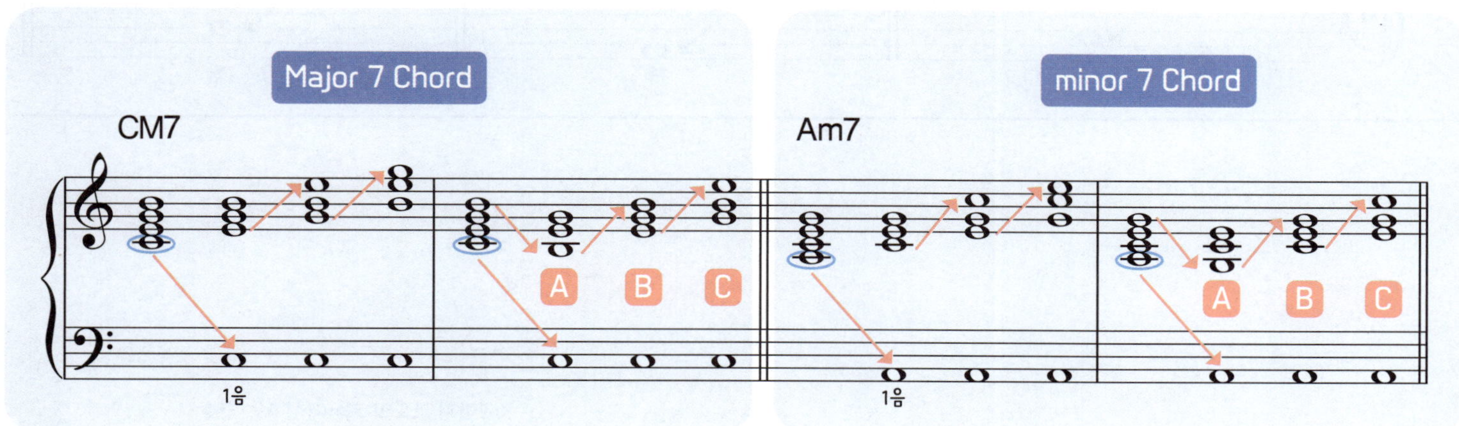

❹ 나란한조의 7th 코드 보이싱 응용

아래 악보에서 Am7의 구성음을 잘 살펴보면 C 코드의 구성음과 같습니다. 이는 Amkey와 Ckey가 나란한조이기 때문입니다. 따라서 같은 스케일을 공유하므로 온음계적 화음과 멜로디 라인을 같이 사용하여 동일한 코드 보이싱이 가능하고, 아래와 같이 어려운 7th 코드들을 비교적 쉽게 연주할 수 있습니다.

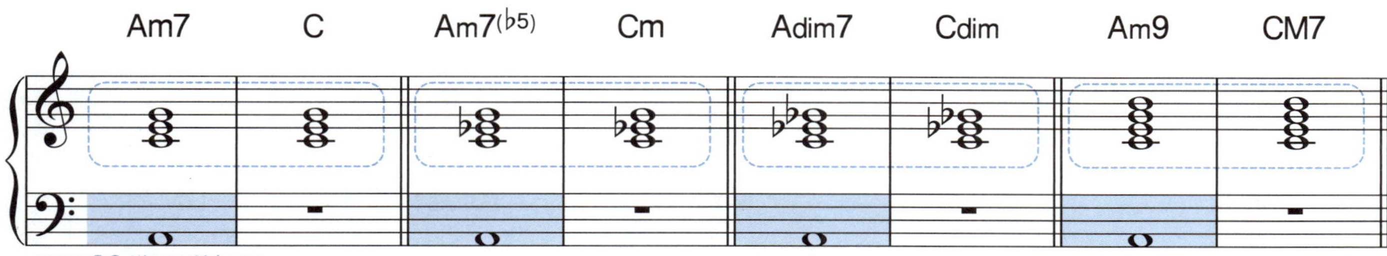

7th 코드 보이싱 A ♪

7th 코드 보이싱은 45p의 예시와 같은 A, B, C 방법이 있습니다. 이번 파트에서는 7음을 오른손에서 내성으로 연주하는 A를 먼저 훈련합니다. add2 코드 보이싱과 sus4 코드 보이싱도 함께 연주해 봅시다.

A – 코드의 7음을 1옥타브 내려 내성으로 연주

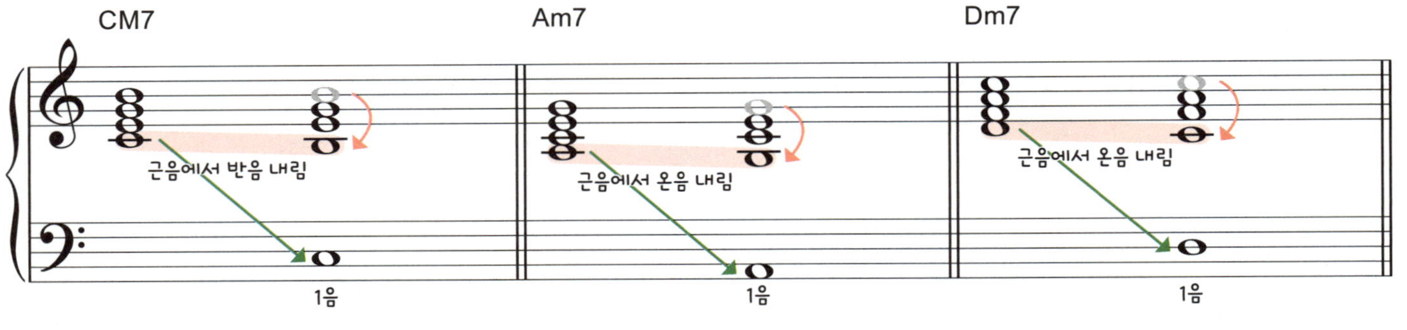

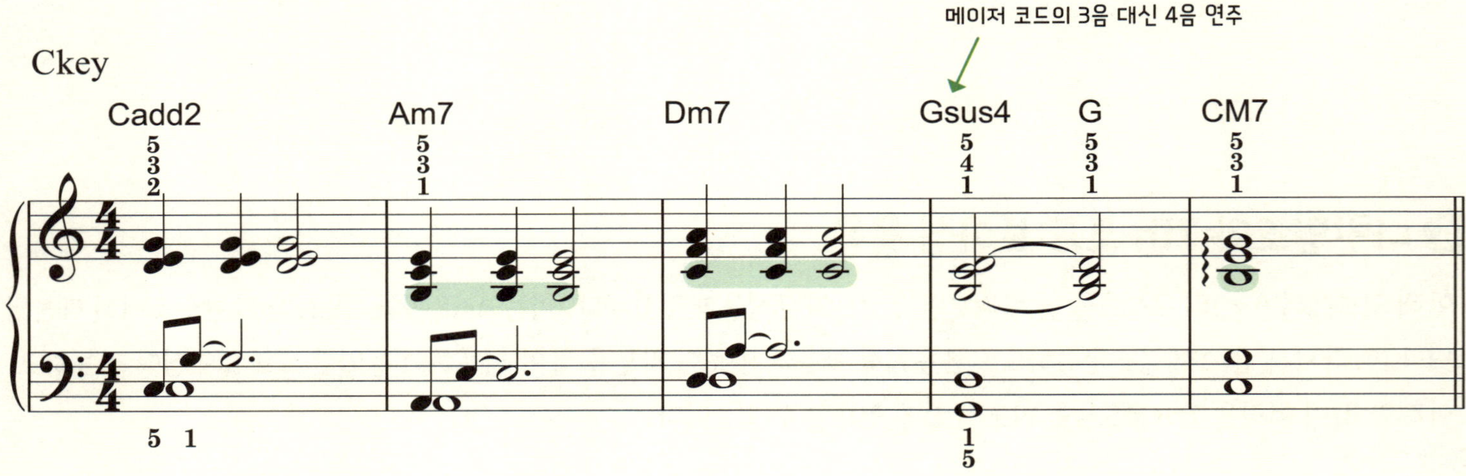

Ekey

Fkey

Gkey

Akey

Chord Training

7th 코드 보이싱 A 를 아래에 주어진 코드 진행만 보고 연습해 봅시다.

Ckey

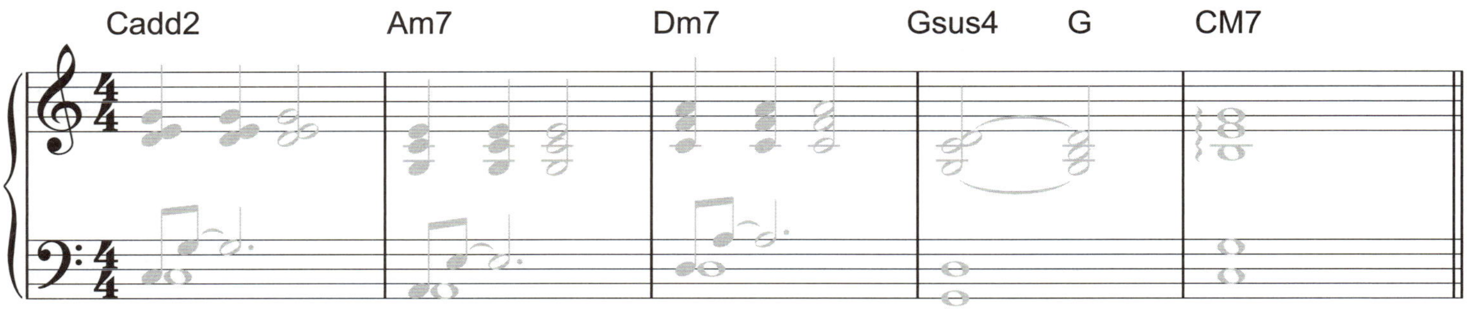

Dkey

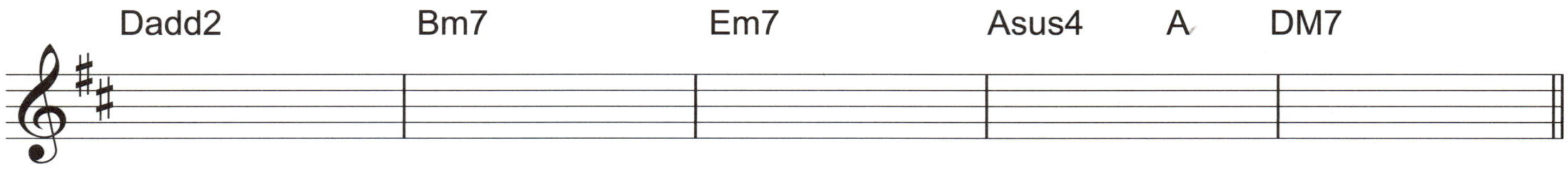

Ekey

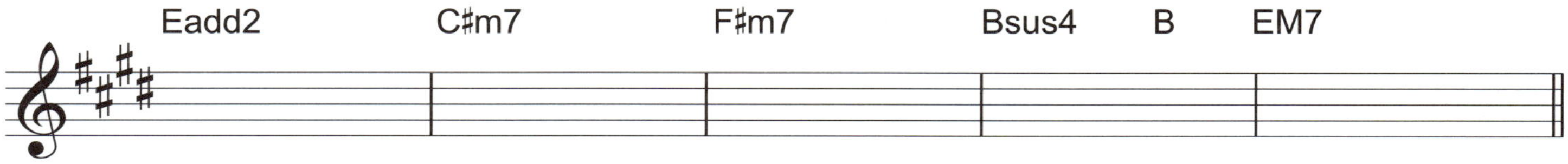

Fkey

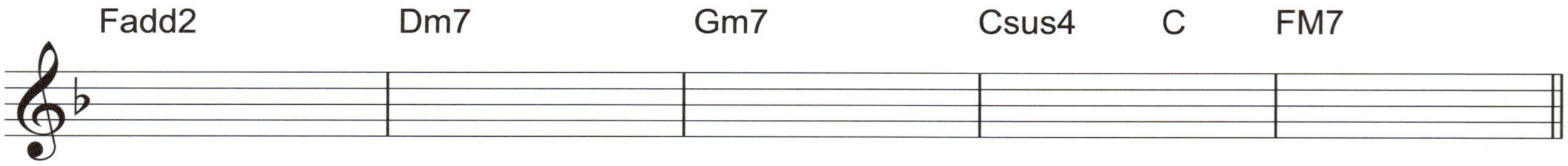

Gkey

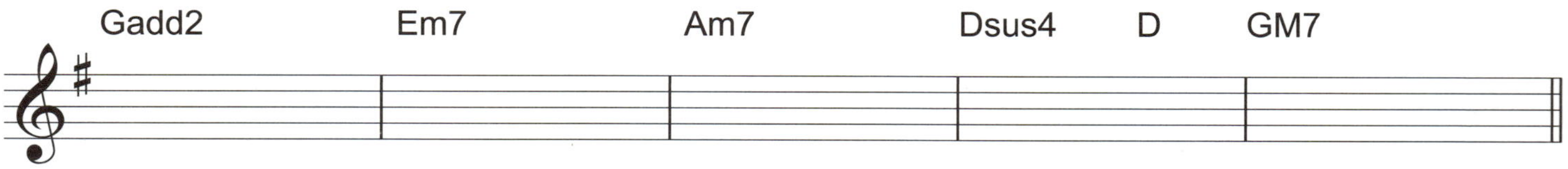

Akey

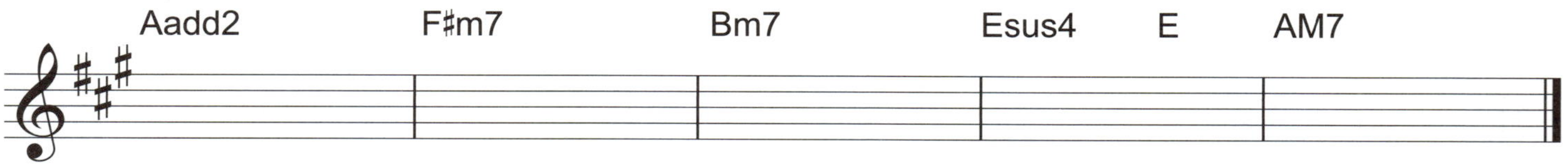

좋으신 하나님

작자 미상

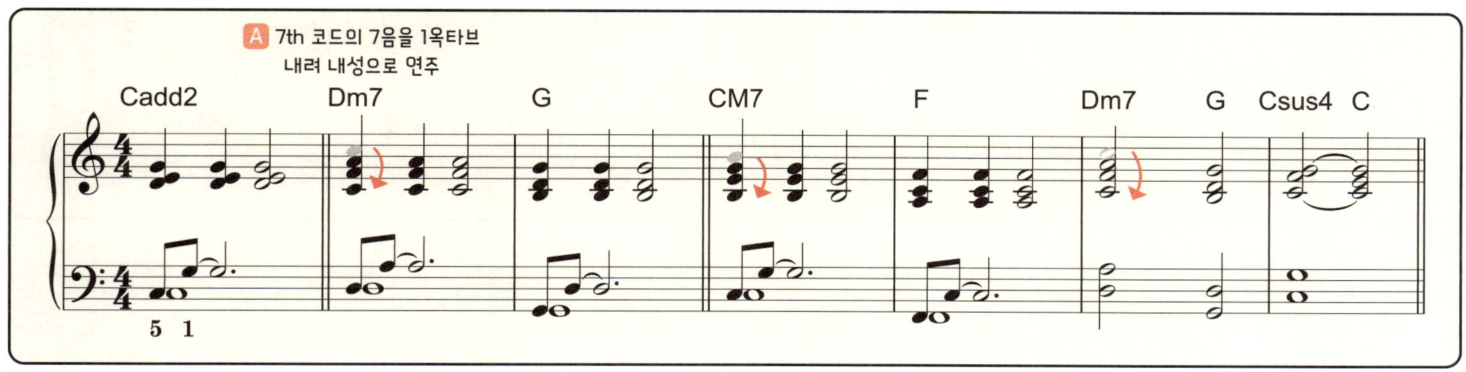

Intro 9~12마디의 멜로디를 1옥타브 올려서 인트로 반주로 활용해 보세요.

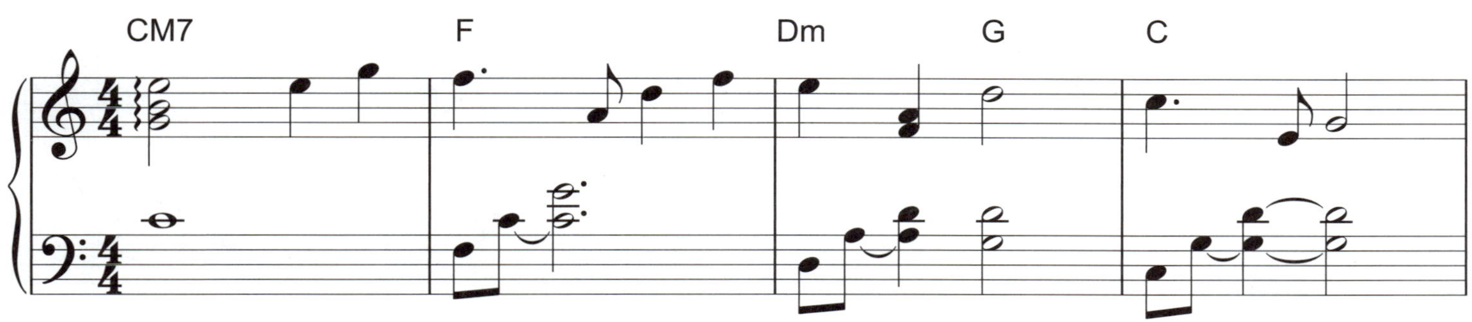

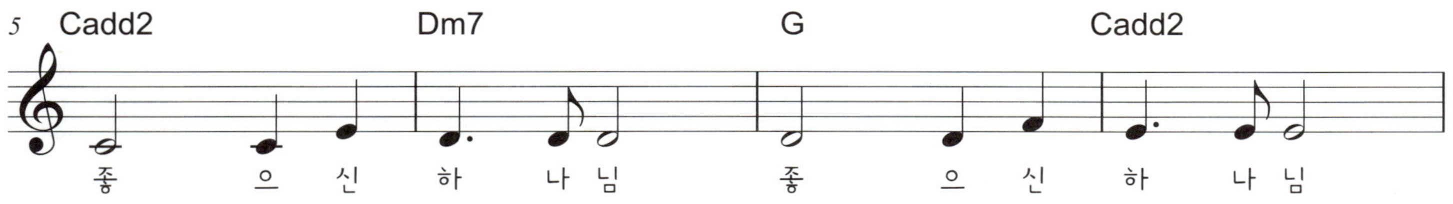

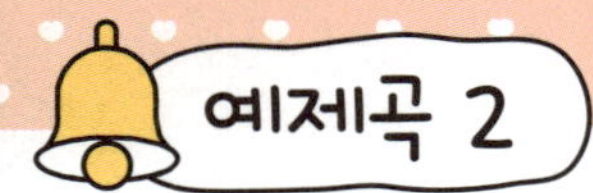

우리 기도를

G. Whelpton 작곡

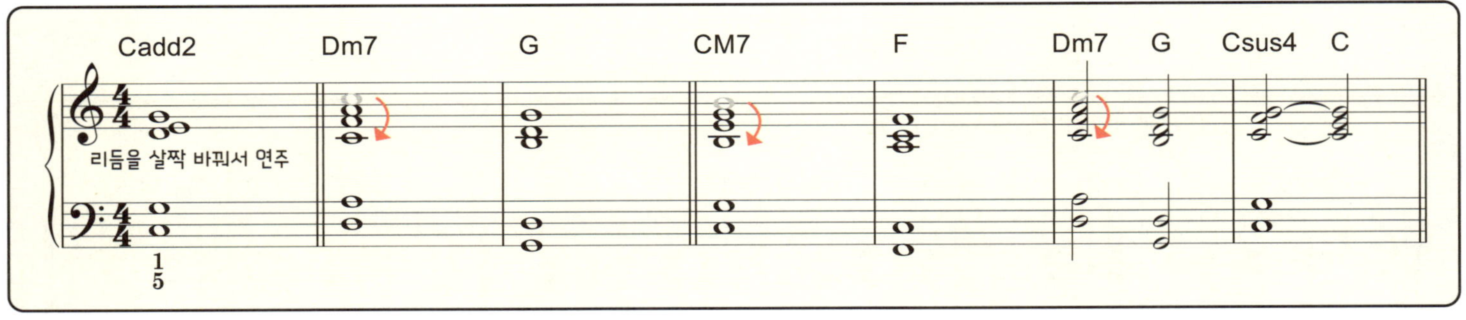

Intro 8~12마디의 멜로디를 1옥타브 올려서 인트로 반주로 활용해 보세요.

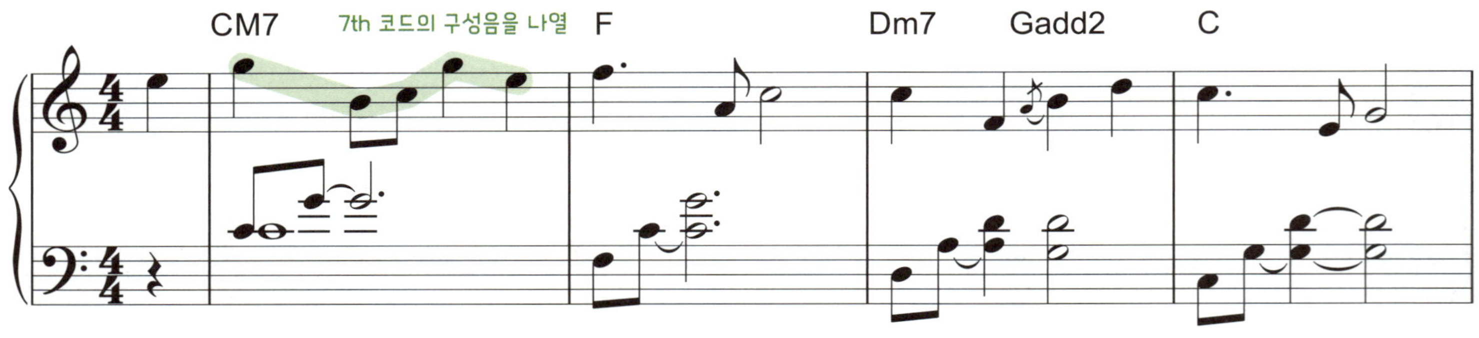

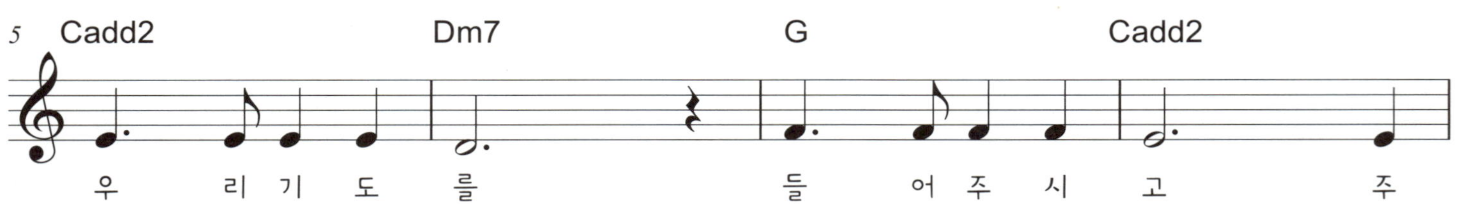

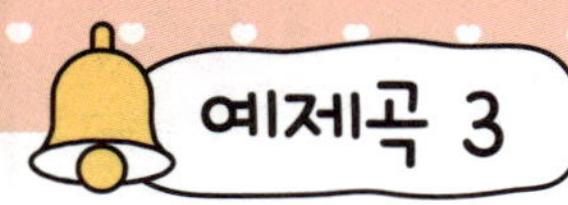

주 달려 죽은 십자가

I. Watts 작사
L. Mason 작곡

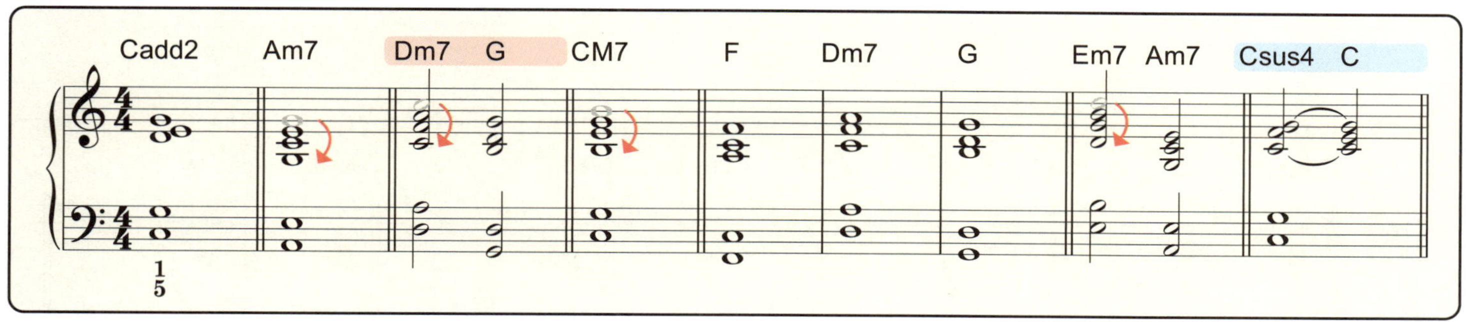

Intro 1-6-4-5도 코드 진행을 인트로 반주로 활용해 보세요.

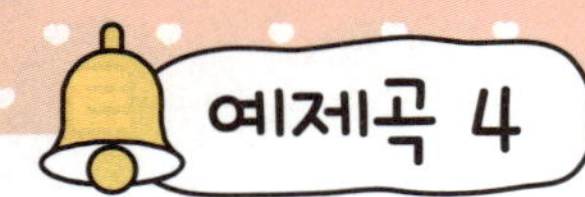

선한 목자 되신 우리 주

D. A. Thrupp 작사
W. B. Bradbury 작곡

Intro 5~6마디의 멜로디를 1옥타브 올려서 인트로 반주로 활용해 보세요.

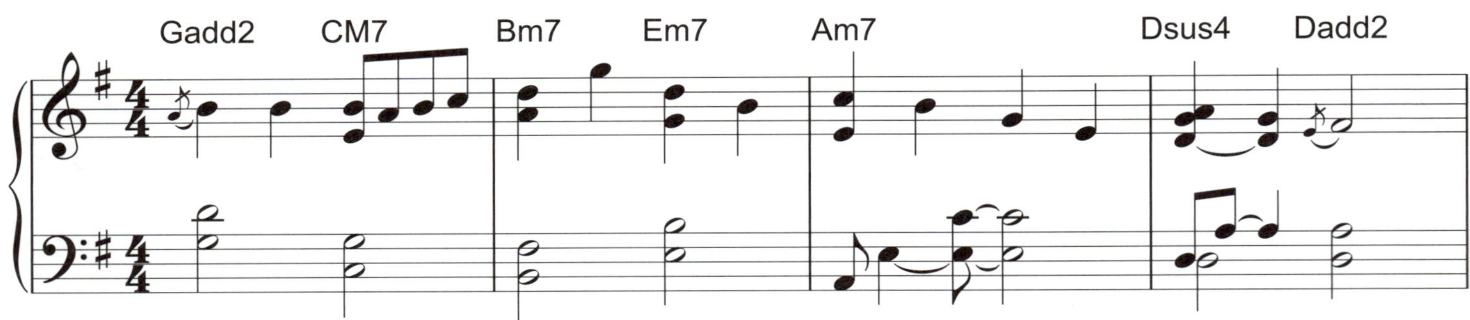

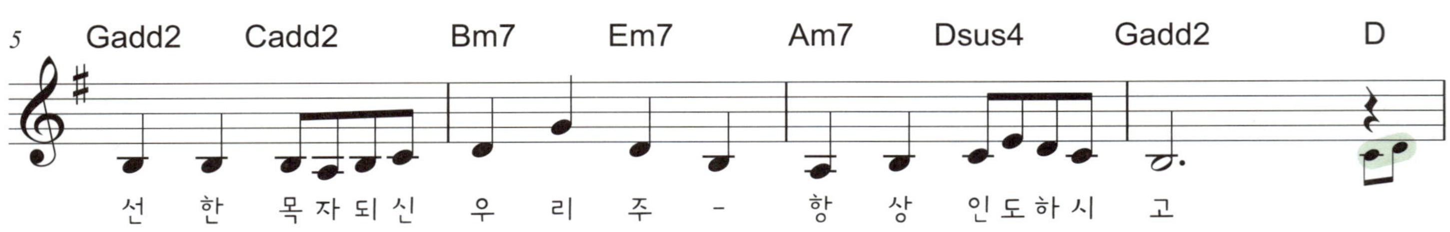

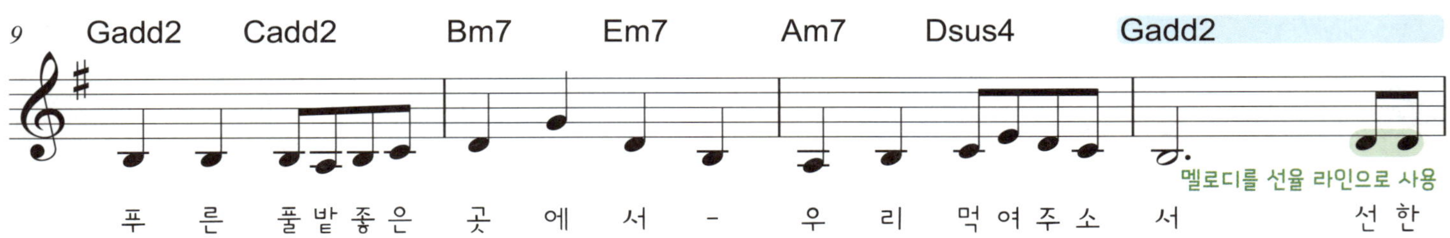

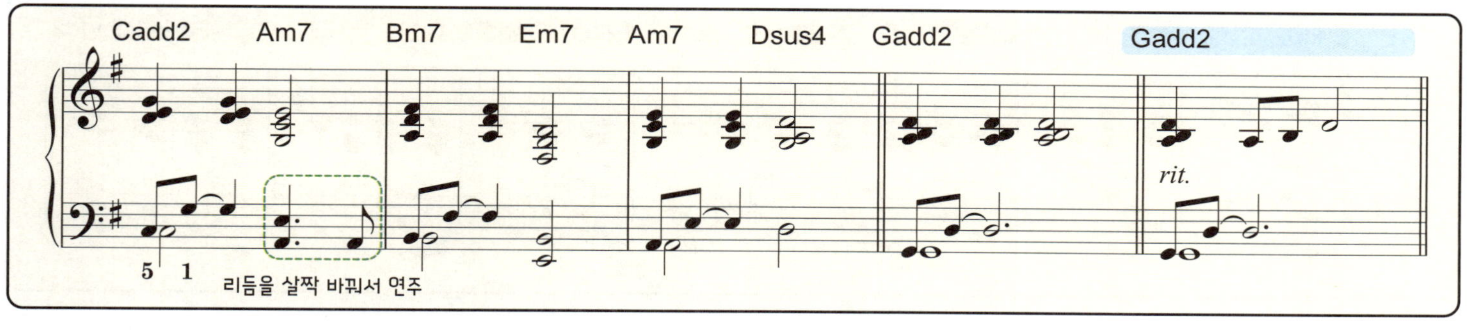

Cadd2   Am7   Bm7   Em7   Am7   Dsus4   Gadd2   Gadd2
rit.
5   1
리듬을 살짝 바꿔서 연주

13   Cadd2   Am7   Bm7   Em7   Am7   Dsus4   Gadd2
목 자   구 세 주 여   항 상 인 도 하 소 서   선 한
17   Cadd2   Am7   Bm7   Em7   Am7   Dsus4   Gadd2
목 자   구 세 주 여   항 상 인 도 하 소 서

예수, 늘 함께 하시네

소진영 작사·곡

Intro 9~12마디의 코드와 멜로디를 인트로 반주로 활용해 보세요.

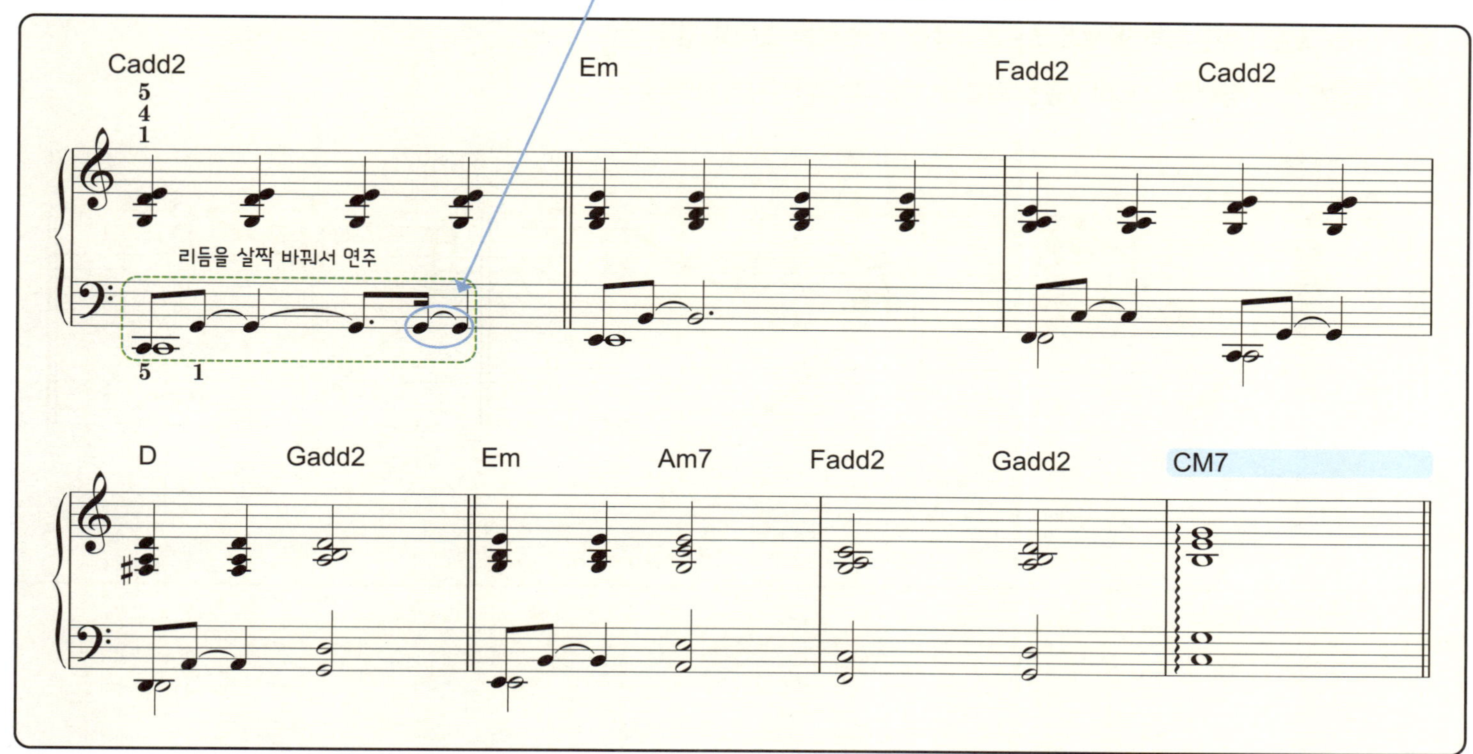
스윗 가이드
16비트 리듬 터치
16비트 반주법으로 후렴을 극대화하는 효과가 있습니다.
왼손 엄지손가락으로 코드의 5음을 터치하듯이 연주해 보
세요.
리듬을 살짝 바꿔서 연주
Cadd2
Em
Fadd2
Cadd2
D
Gadd2
Em
Am7
Fadd2
Gadd2
CM7

Cadd2
Em
Fadd2
Cadd2
D
Gadd2
눈 들어 주를 보리 이 또 한 지나 가 - 리 - 라   주 어 진

Cadd2
Em
Am7
Fadd2
Gadd2
CM7
내 삶의 시 간 속 에 주 의 뜻 알 게 하 소 서

7th 코드 보이싱 B, C ♪

7th 코드 보이싱은 45p의 예시와 같은 A, B, C 방법이 있습니다. 이번 파트에서는 7음을 본래 위치 그대로 연주하는 B와 이의 전위 형태인 C를 훈련합니다. add2 코드 보이싱과 sus4 코드 보이싱도 함께 연주해 봅시다.

B – 7th 코드의 기본자리 형태로 코드의 7음을 본래 위치 그대로 연주

C – B의 전위 형태로 코드의 7음을 화음의 가운데에 위치시켜서 연주

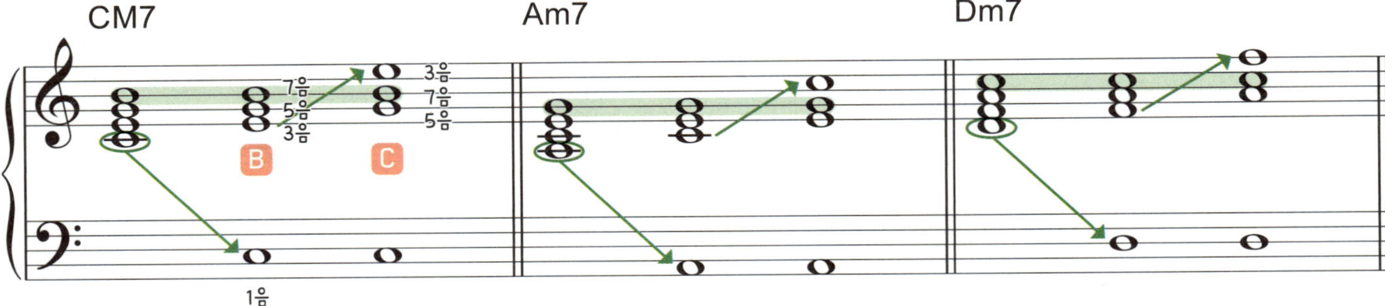

Ckey

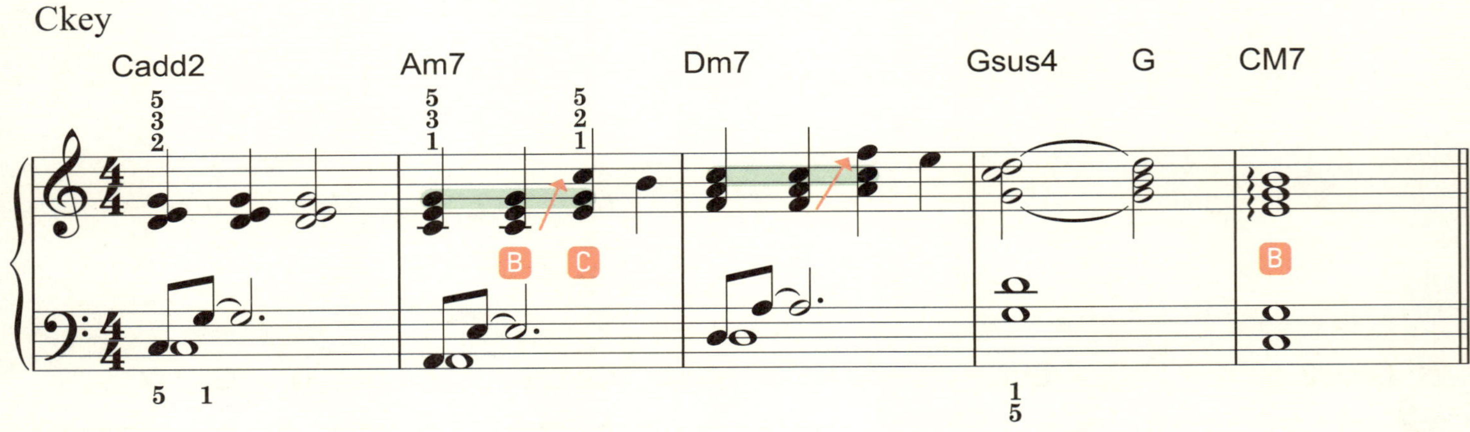

Dkey

Ekey

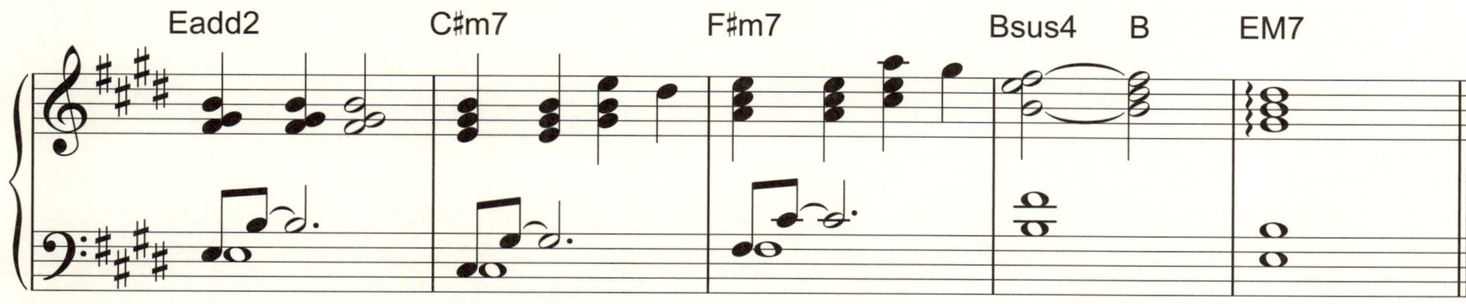

Fkey

Gkey

Akey

Chord Training

7th 코드 보이싱 B, C를 아래에 주어진 코드 진행만 보고 연습해 봅시다.

Ckey

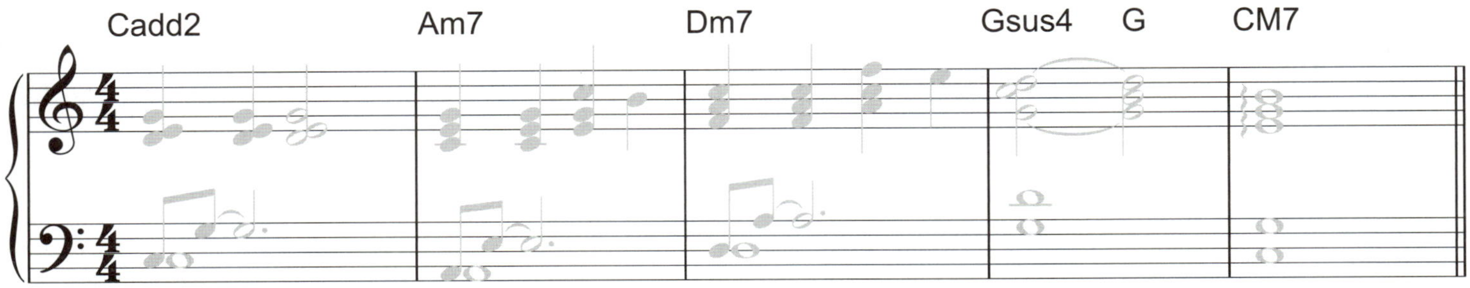

Dkey

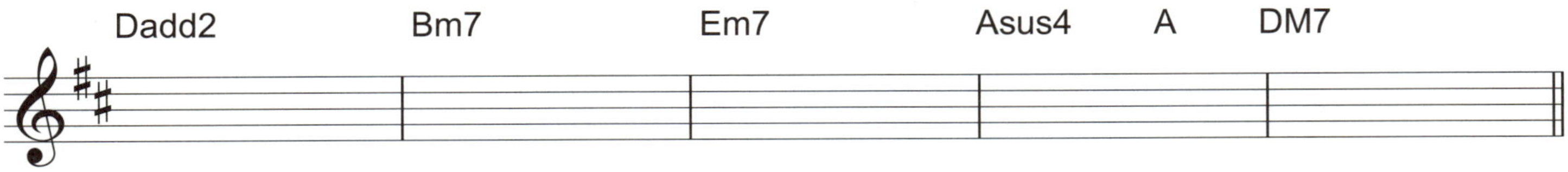

Ekey

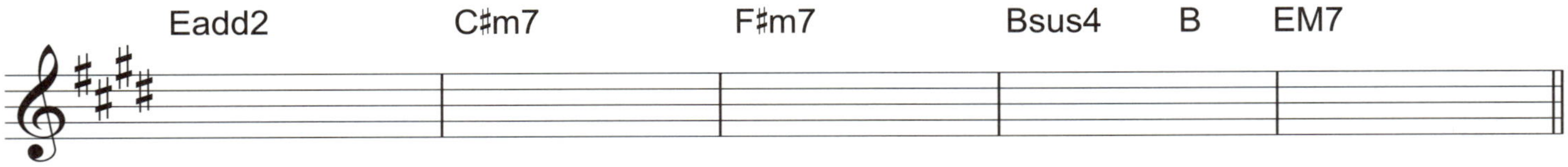

Fkey

Gkey

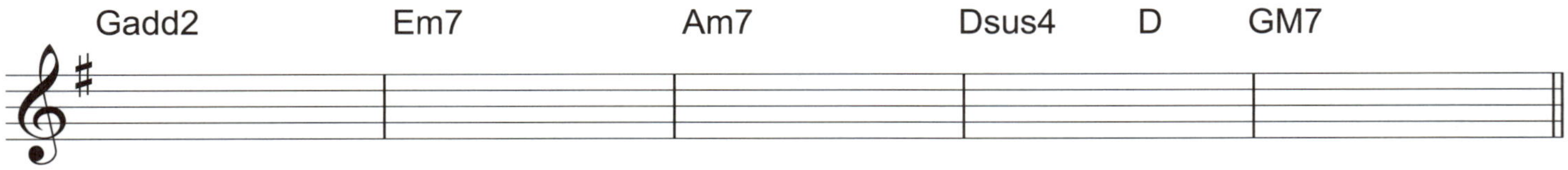

Akey

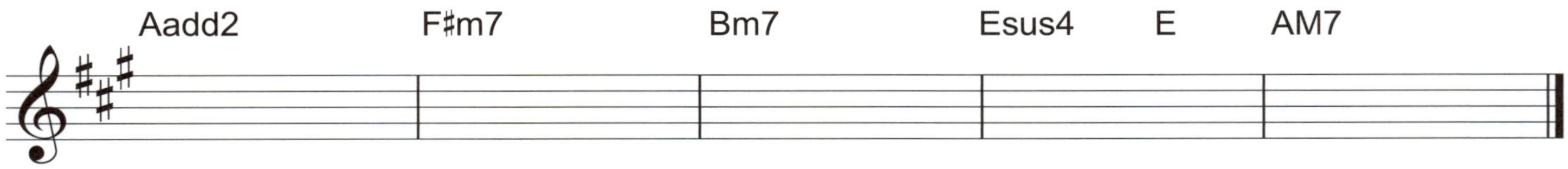

예수 피를 힘입어

양재훈 작사·곡

Intro 25~29마디의 멜로디를 인트로 반주로 활용해 보세요.

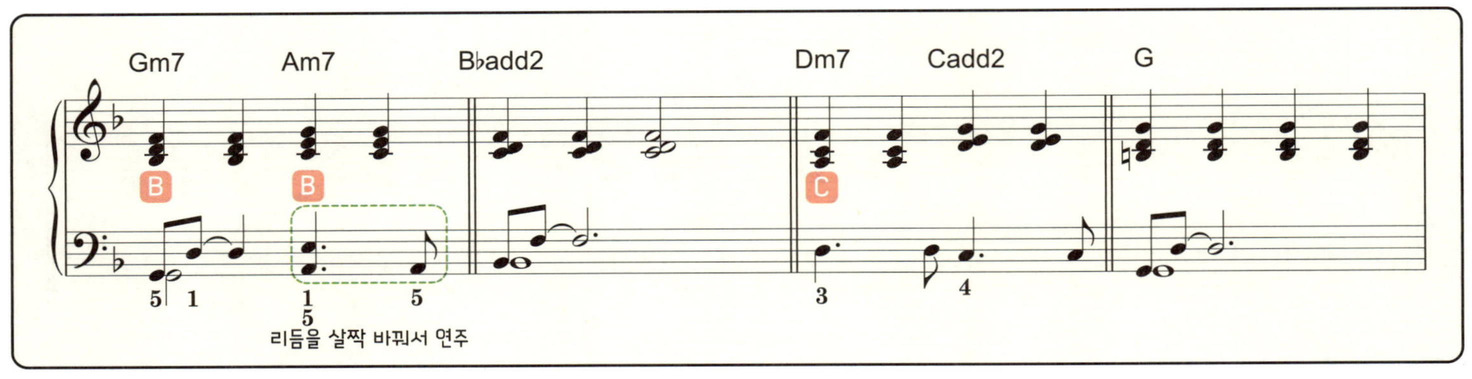

Gm7
Am7
B♭add2
Dm7
Cadd2
G
B
B
C
5 1
1
5
5
3
4
리듬을 살짝 바꿔서 연주

13
Gm7
Am7
B♭add2
Dm7
Cadd2
B♭add2
자 격 없 는 내 힘 이 아 닌
오 직 예 수 님 의 보 혈 로
17
Gm7
Am7
B♭add2
Dm7
Cadd2
G
자 격 없 는 내 힘 이 아 닌
오 직 예 수 님 의 보 혈 로

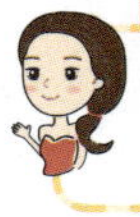

스윗 가이드

add2 코드 자리바꿈 - add9과 같으며 멜로디에 9(2)음이 있을 때 사용합니다.

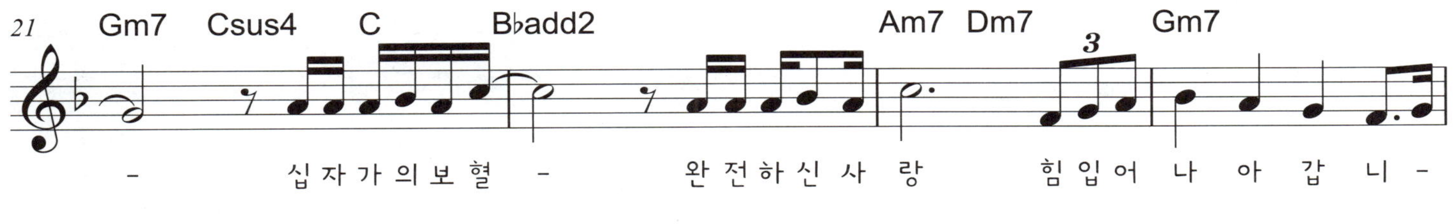

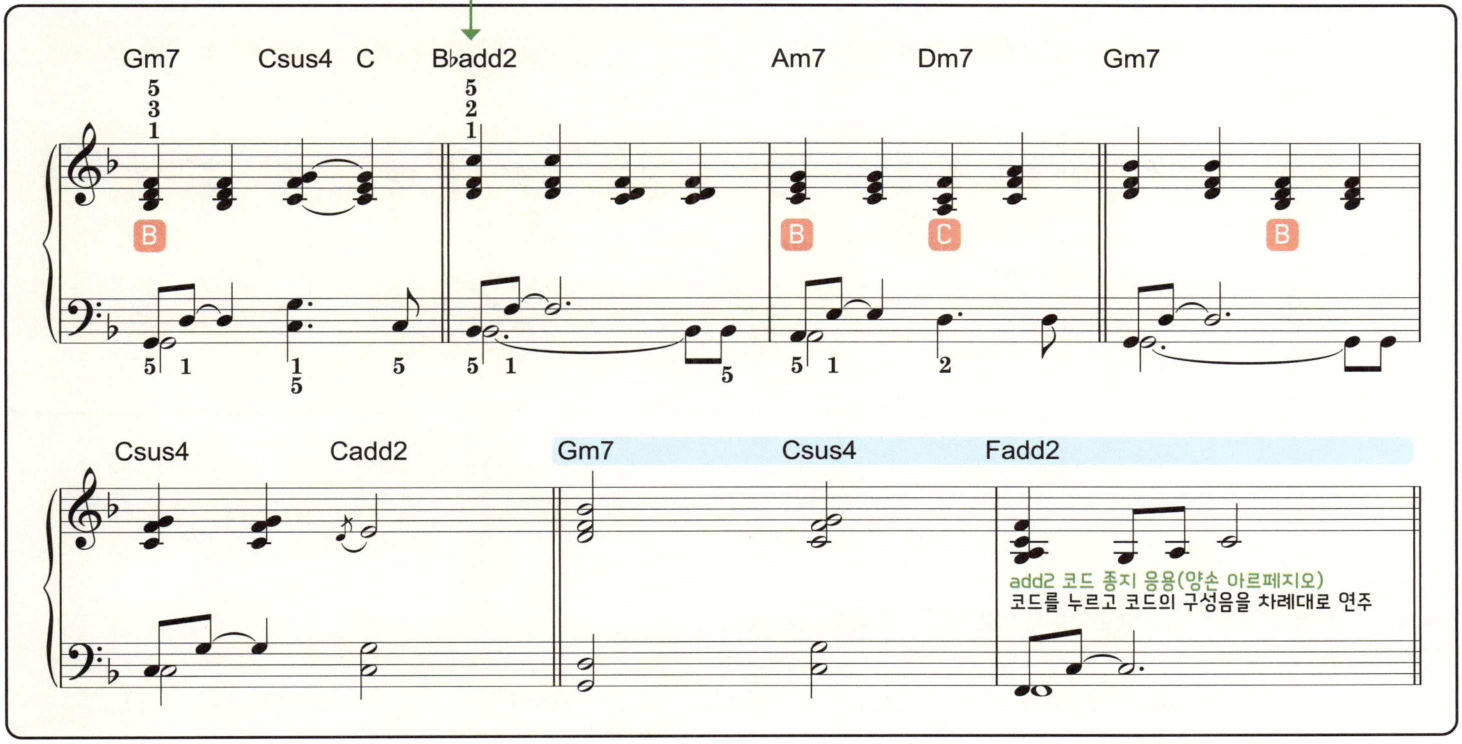
Gm7 Csus4 C B♭add2 Am7 Dm7 Gm7
B B C B
Csus4 Cadd2 Gm7 Csus4 Fadd2
add2 코드 종지 응용(양손 아르페지오)
코드를 누르고 코드의 구성음을 차례대로 연주

21 Gm7 Csus4 C B♭add2 Am7 Dm7 Gm7
- 십 자 가 의 보 혈 - 완 전 하 신 사 랑 힘 입 어 나 아 갑 니 -
25 Csus4 Cadd2 B♭add2 Am7 Dm7 Gm7 Csus4 Fadd2
다 십 자 가 의 보 혈 - 완 전 하 신 사 랑 힘 입 어 예 배 합 니 다

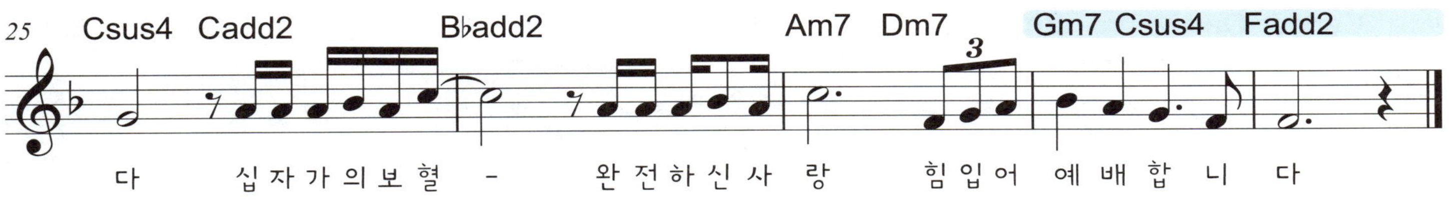

주의 손에 나의 손을 포개고

주영광 작사·곡

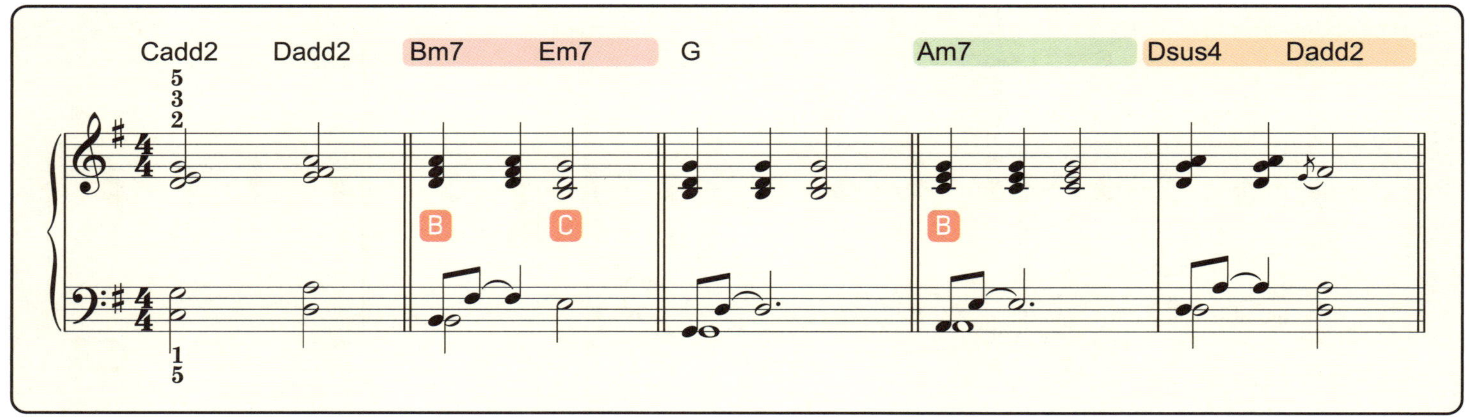

Intro 8~12마디의 코드와 멜로디를 인트로 반주로 활용해 보세요.

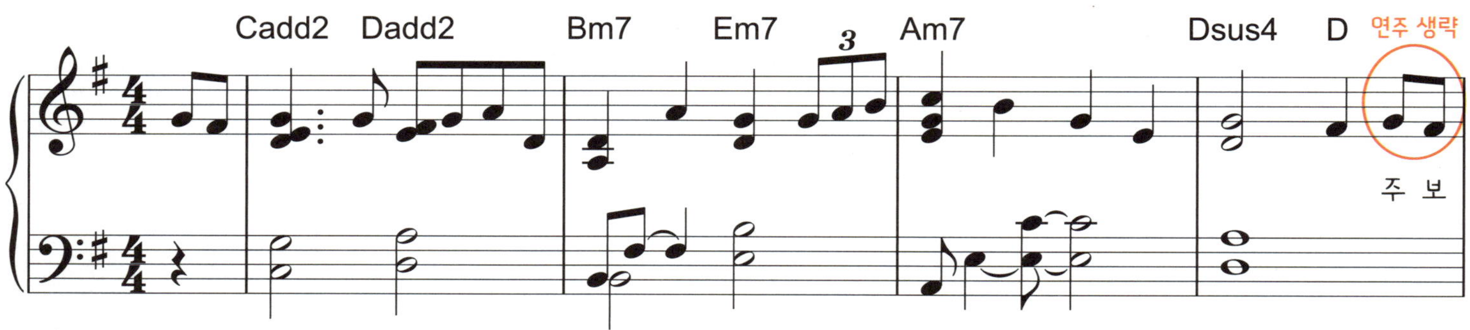

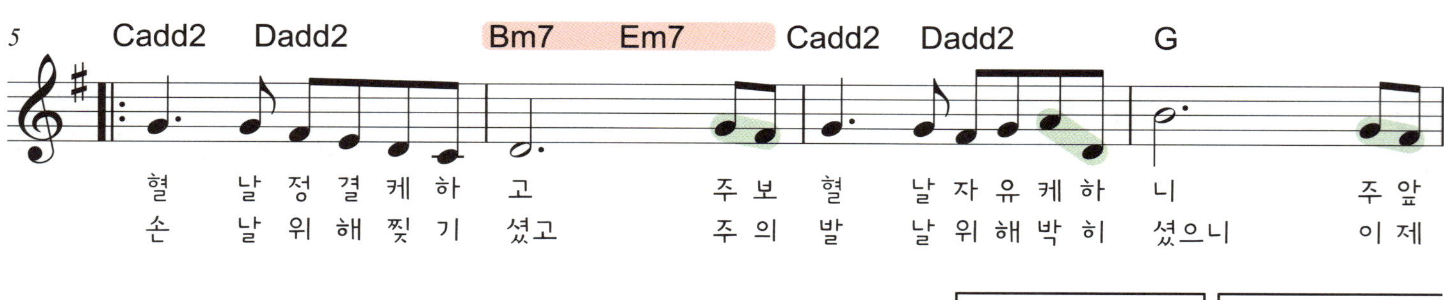

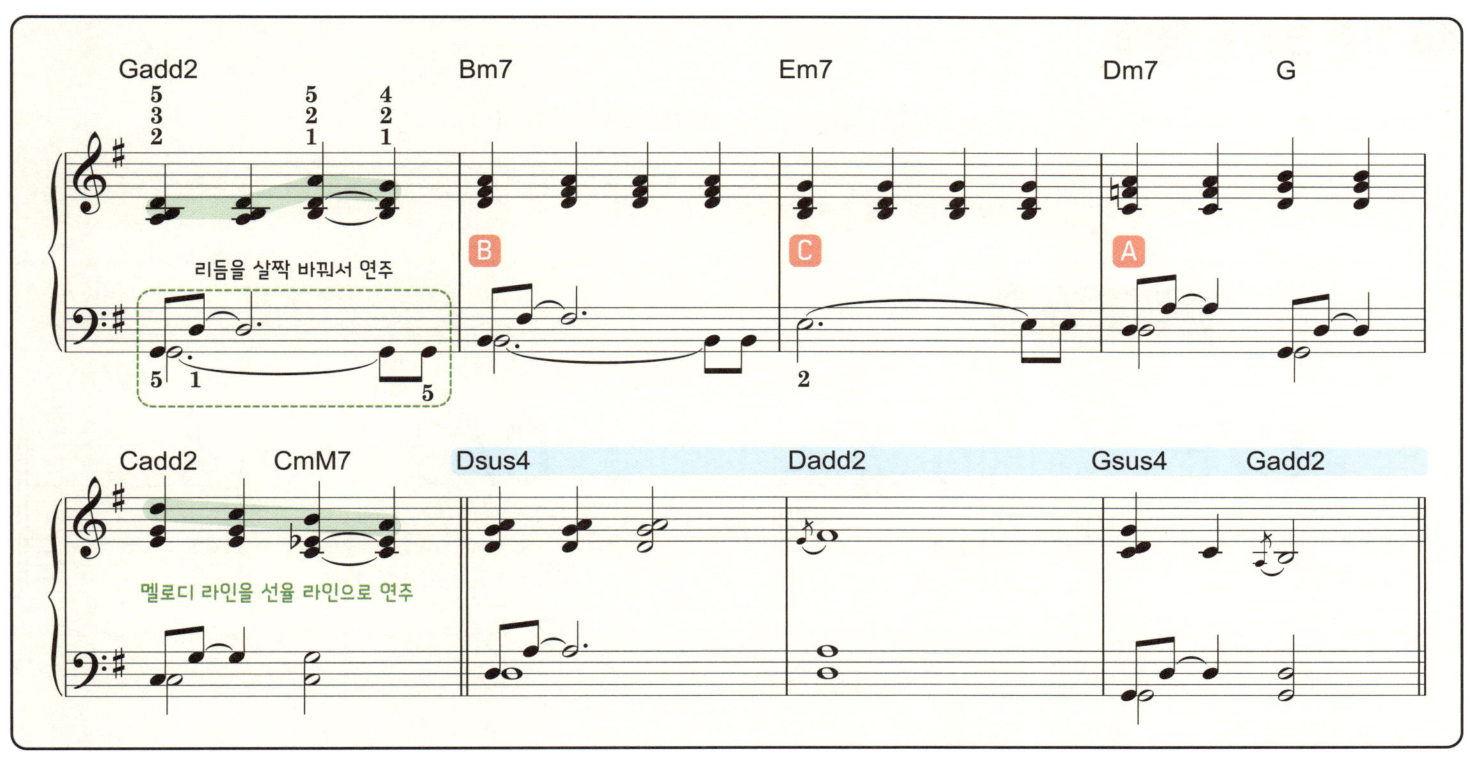
리듬을 살짝 바꿔서 연주
멜로디 라인을 선율 라인으로 연주

주 의 손 에 나 의 손 을 포 개 고   또 주 의 발 에 나 의 발 을 포 개 어   나

주 와 함 께 죽 고 또 주 와 함 께 살 리 라 - 영 원 토 록 - 주 위 해 살 리 - 라 -

- 라 -   주 위 해 살 리 - 라 -

슬래시 코드

❶ 기본 3화음 형태

슬래시 코드는 기본자리바꿈(전위) 코드와 다르게 밑음인 왼손 베이스음이 변합니다.

♫ 슬래시 코드의 코드 반주는 어떻게 연주할까요?

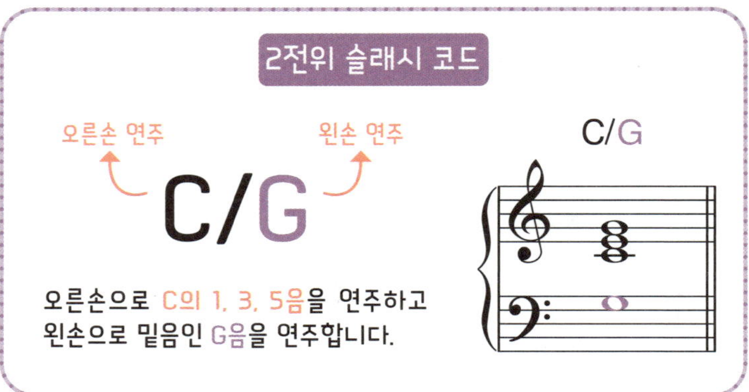

♫ 슬래시 코드의 3화음 코드 보이싱

기본 3화음의 코드 구성음을 재배치하여 가장 아름다운 울림으로 연주합니다.

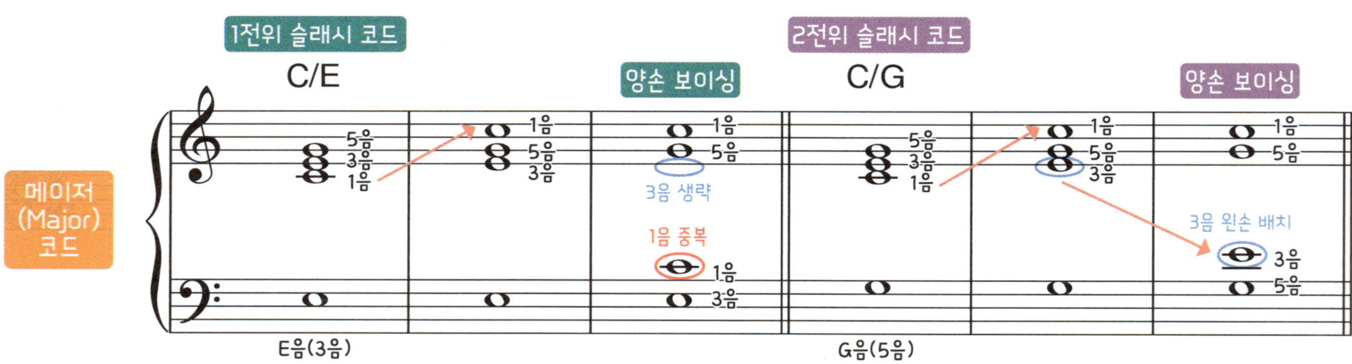

❷ 부가화음 형태

메이저 코드/3음 형태의 1전위 슬래시 코드에서는 3화음을 그대로 연주하기보다 부가화음을 넣어서 연주합니다.

♫ 슬래시 코드의 부가화음 코드 보이싱

부가화음 C2(sus2)는 Cadd2 코드와는 다르게 3음 대신 2음을 연주하는 코드입니다.

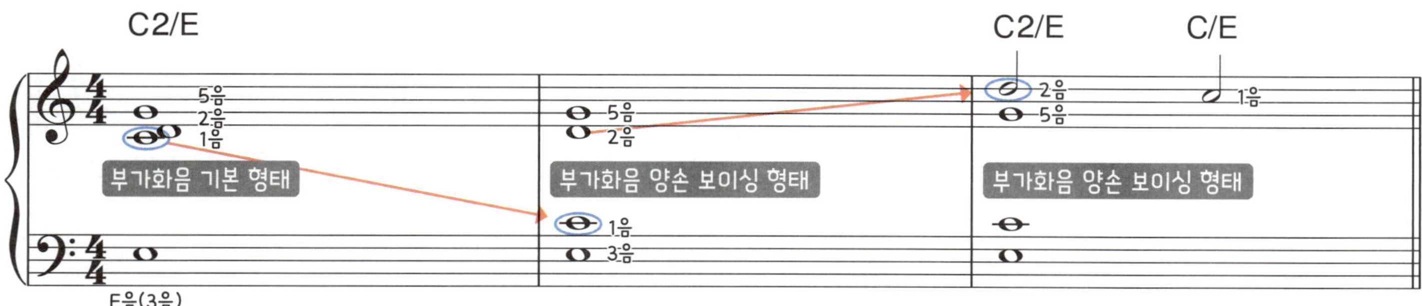

♫ 슬래시 코드의 옥타브 코드 보이싱

코드의 구성음을 옥타브로 중복하여 아름다운 울림으로 연주합니다.

❸ 왼손 아르페지오 형태

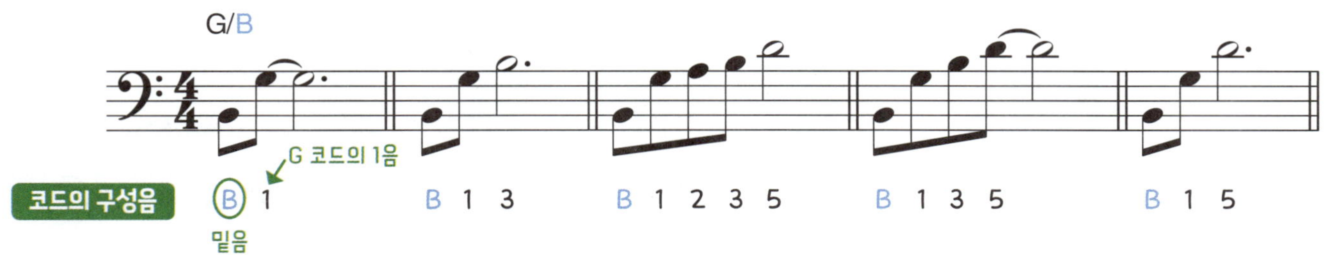

* 마이너 코드는 3음을 반음 내려 연주합니다.

슬래시 코드 부가화음 ♪

슬래시 코드들이 바로 연주될 수 있도록 아래의 트레이닝을 통해 연습해 봅시다.

부가화음 형태의 슬래시 코드에 주의해서 연주해 봅시다.

Ekey

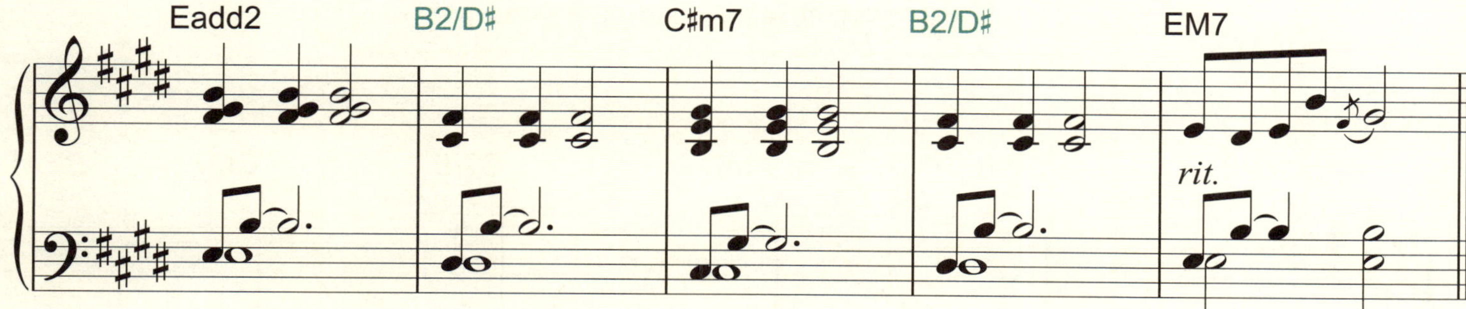

Fkey

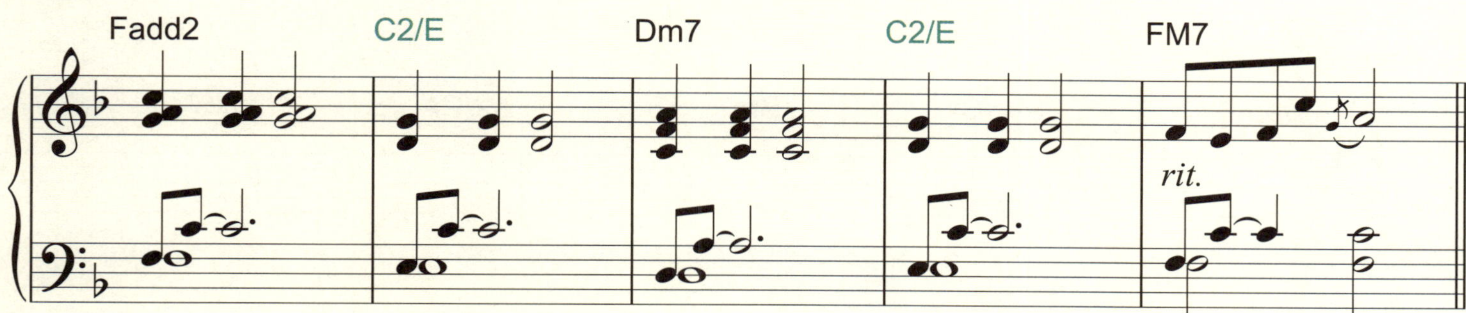

Gkey

Akey

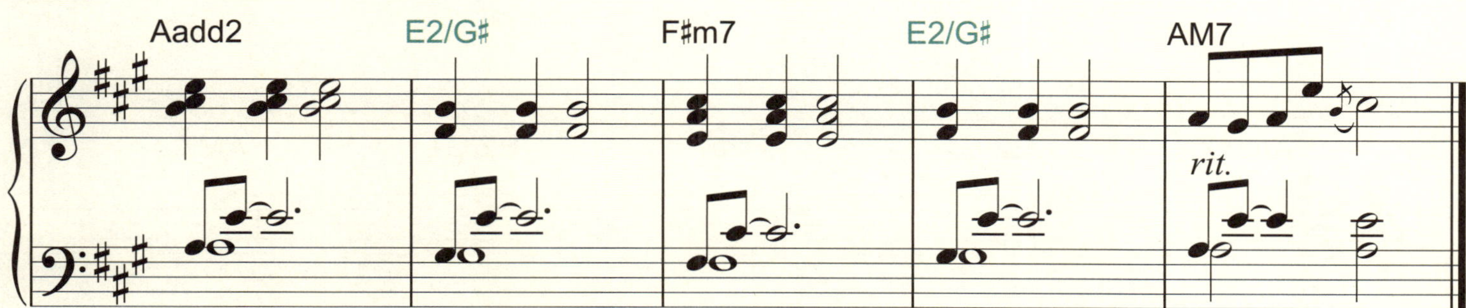

Chord Training

슬래시 코드를 아래에 주어진 코드 진행만 보고 연습해 봅시다.
선율 라인도 함께 Key Up하여 연주합니다.

Ckey

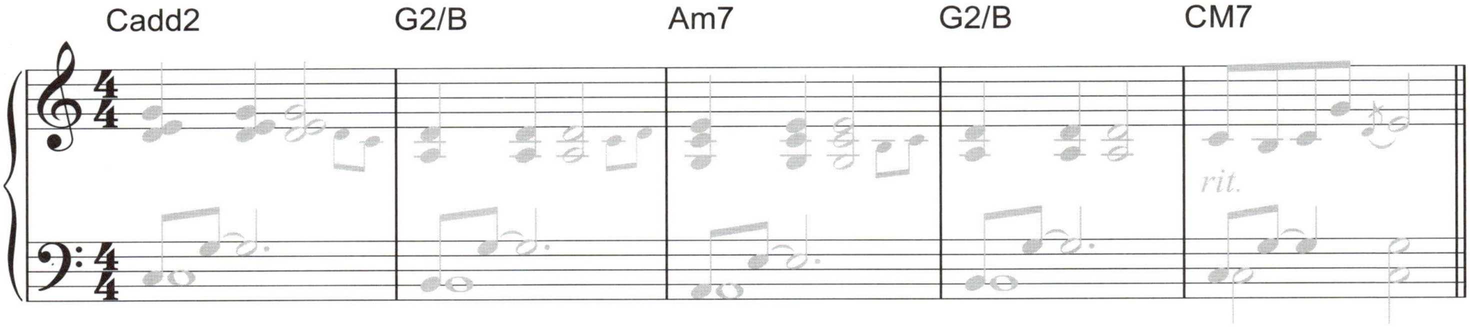

| Cadd2 | G2/B | Am7 | G2/B | CM7 |

Dkey

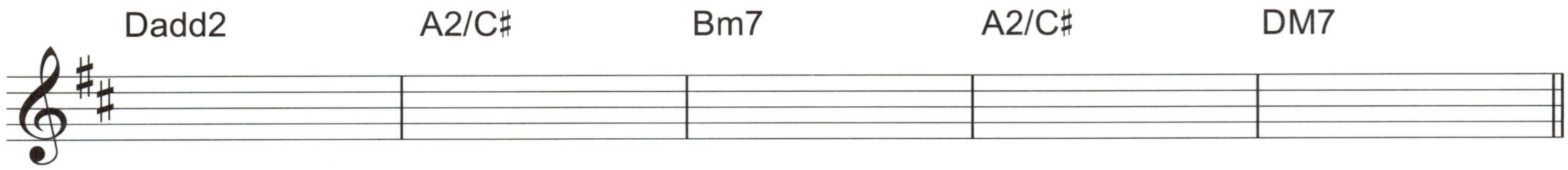

| Dadd2 | A2/C♯ | Bm7 | A2/C♯ | DM7 |

Ekey

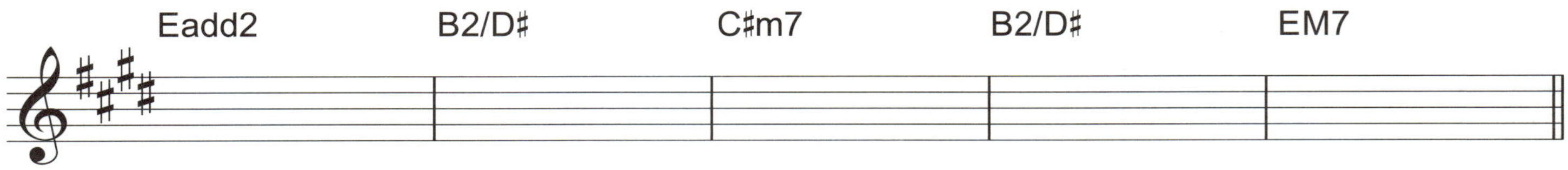

| Eadd2 | B2/D♯ | C♯m7 | B2/D♯ | EM7 |

Fkey

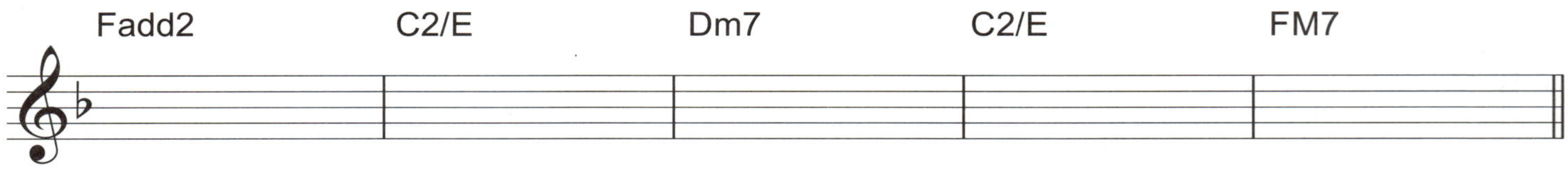

| Fadd2 | C2/E | Dm7 | C2/E | FM7 |

Gkey

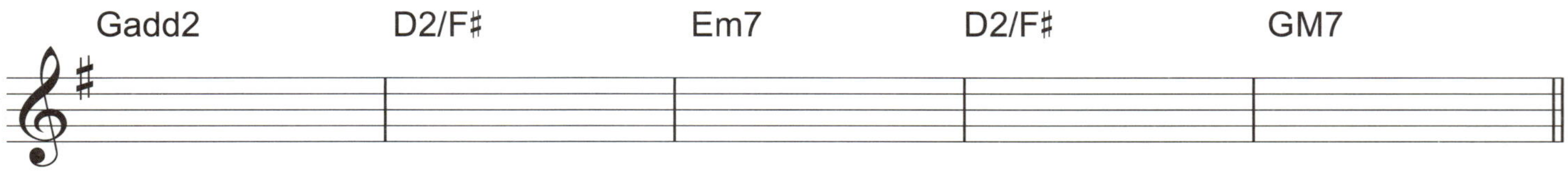

| Gadd2 | D2/F♯ | Em7 | D2/F♯ | GM7 |

Akey

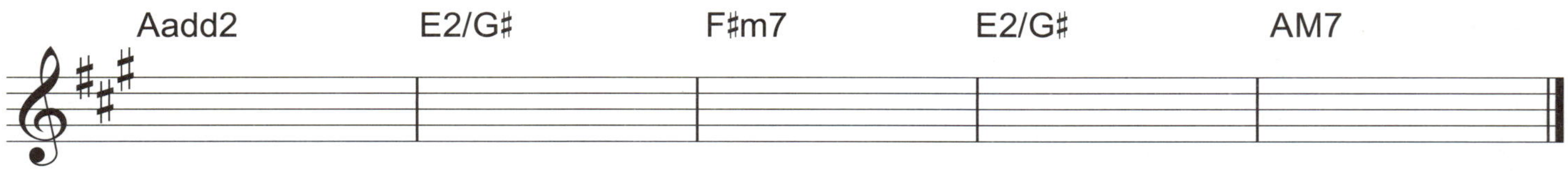

| Aadd2 | E2/G♯ | F♯m7 | E2/G♯ | AM7 |

축복의 통로

이민섭 작사·곡

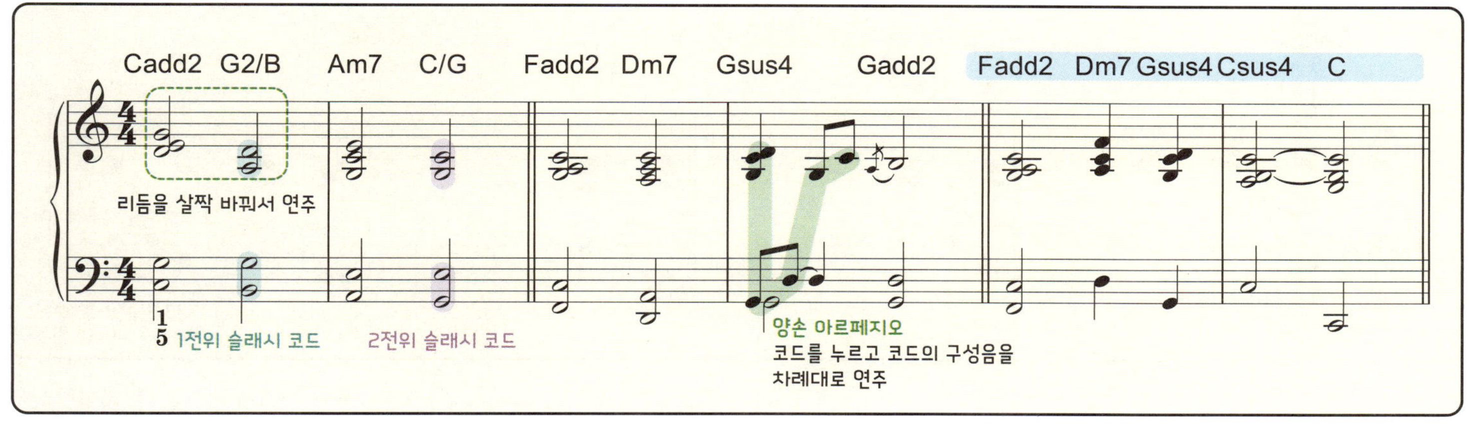

 5~8마디의 코드 진행을 인트로 반주로 활용해 보세요.

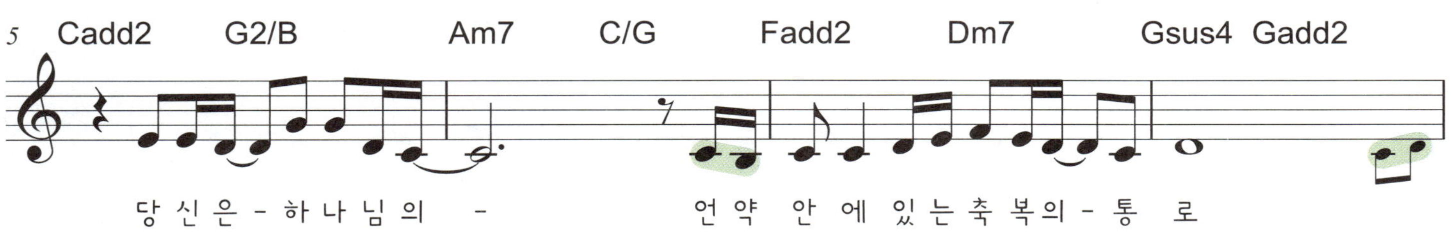

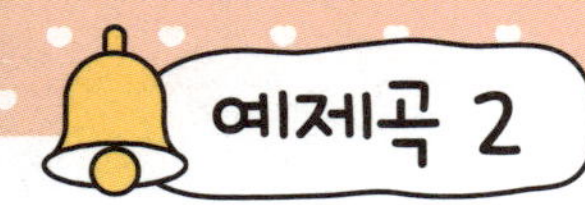

내게 있는 모든 것을

J. W. Van Deventer 작사
W. S. Weeden 작곡

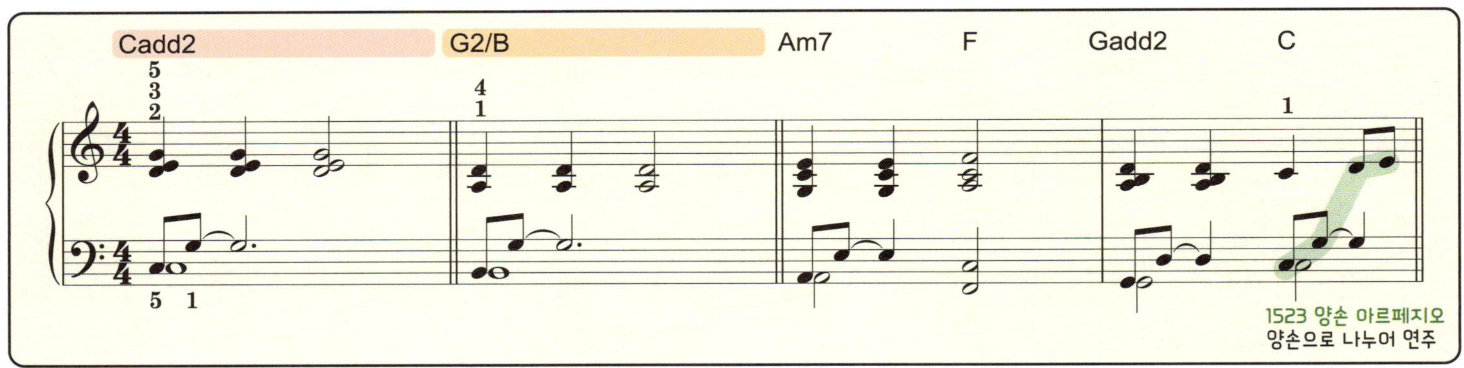

Intro 9~12마디의 멜로디를 인트로 반주로 활용해 보세요.

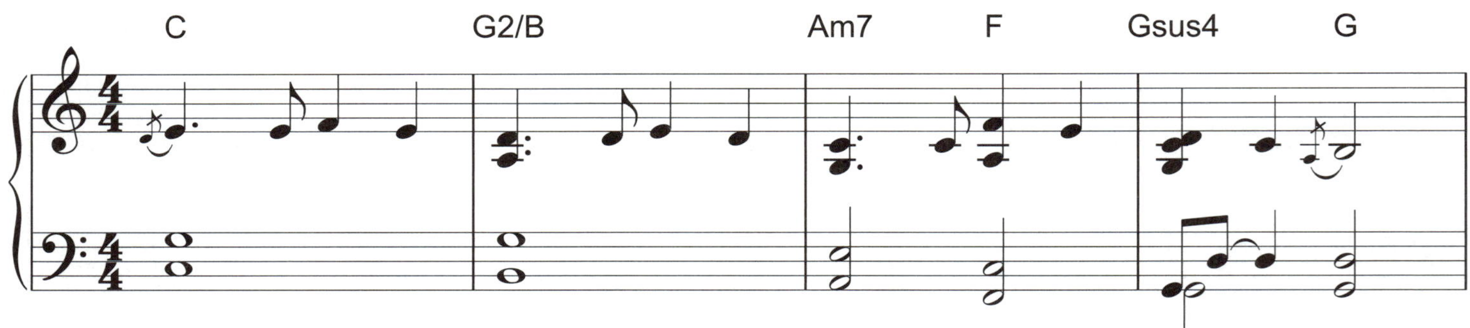

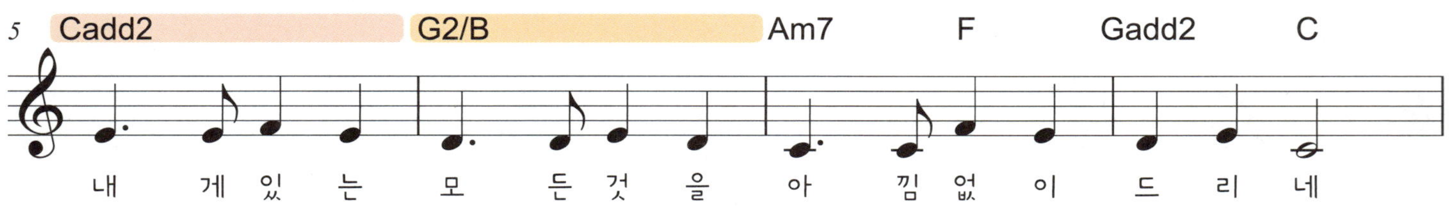

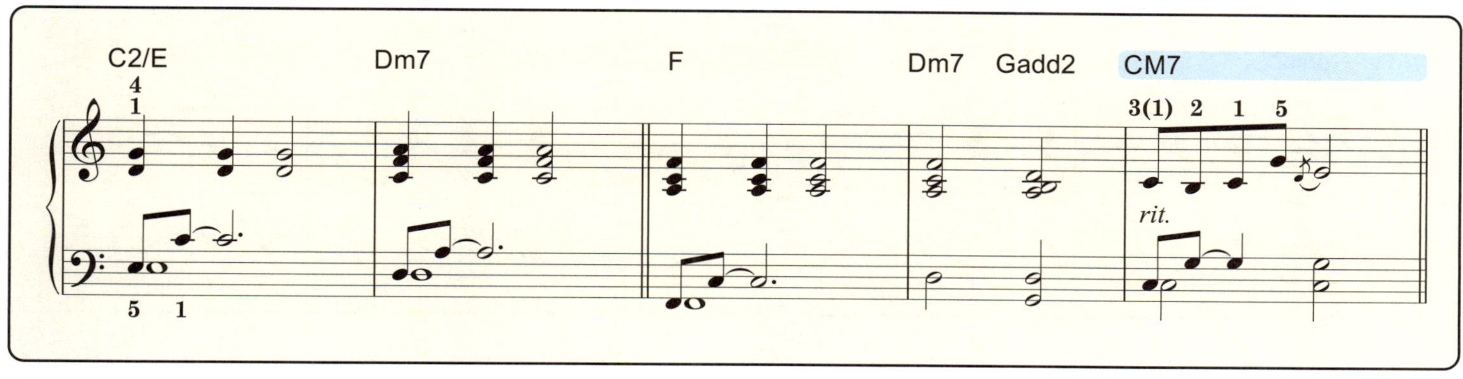

C2/E
Dm7
F
Dm7 Gadd2
CM7
rit.

13 C2/E
Dm7
G2/B
Cadd2
주 께 드 리 네
주 께 드 리 네
17 Cadd2
F
Dm7 Gadd2
CM7
사 랑 하 는 구 주 앞 에 모 두 드 리 네

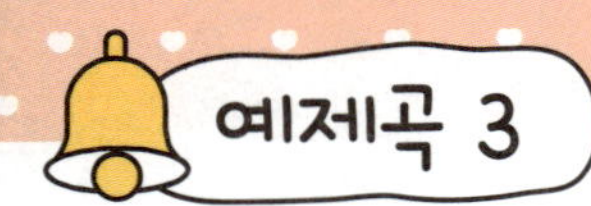

날마다 숨 쉬는 순간마다

L. S. Berg 작사
O. Ahnfelt 작곡

Intro 12~15마디의 코드와 멜로디를 인트로 반주로 활용해 보세요.

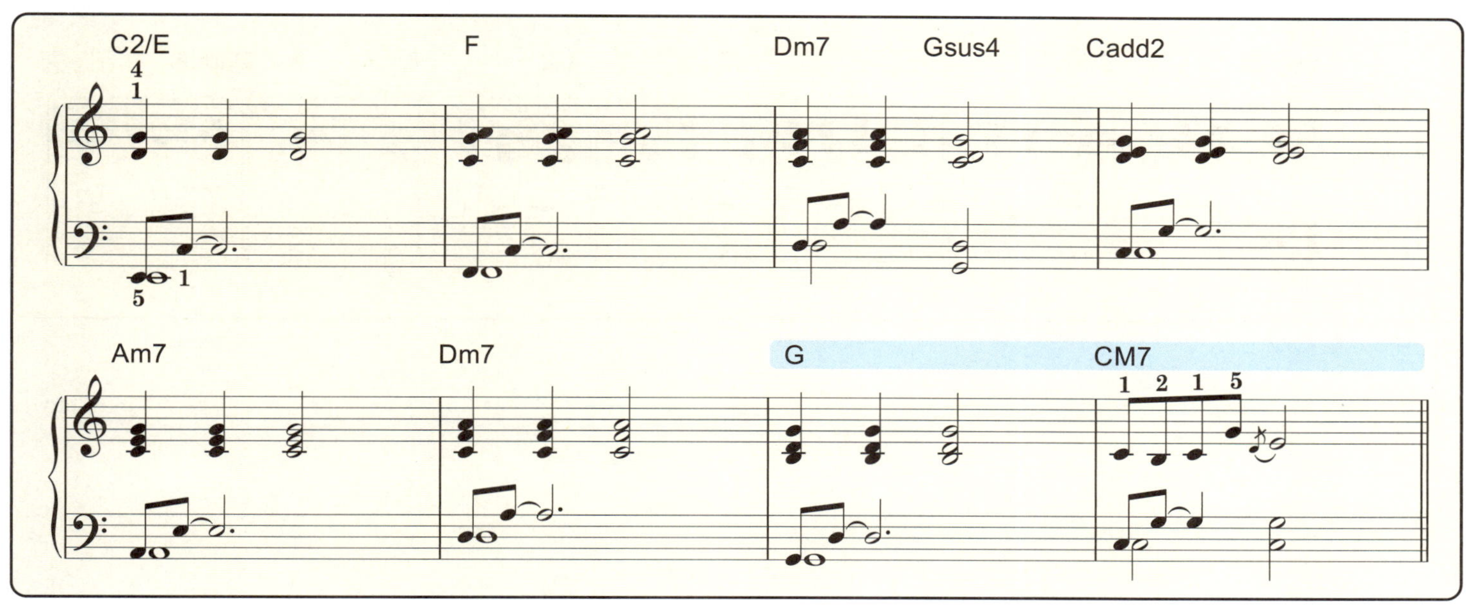

C2/E
F
Dm7
Gsus4
Cadd2
Am7
Dm7
G
CM7

C2/E
Fadd2
Dm7
Gsus4
Cadd2
의 그 자 비 로 운 손 길 항 상 좋 은 것 주 시 도 다 사 랑
Am7
Dm7
G
CM7
스 레 아 픔 과 기 쁨 을 수 고 와 평 화 와 안 식 을

오늘 집을 나서기 전

M. A. Kidder 작사
W. O. Perkins 작곡

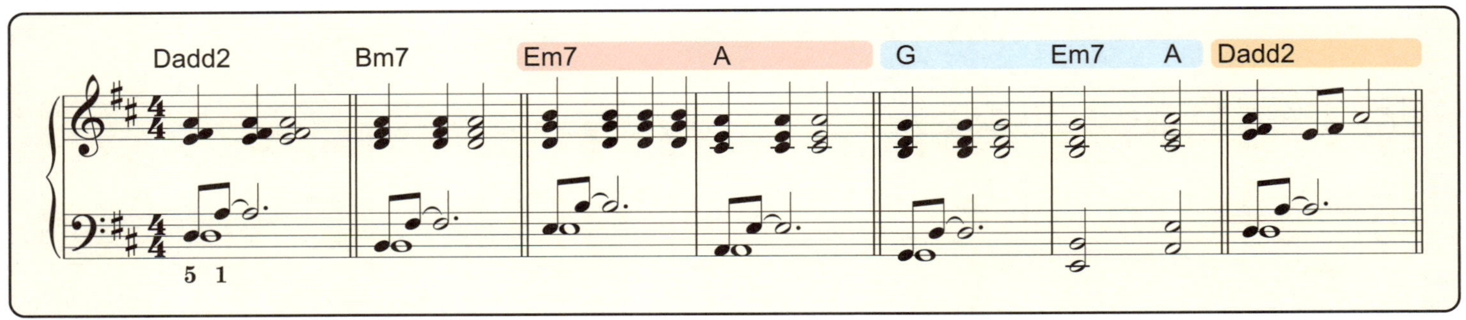

Intro 13~16마디의 코드 진행을 인트로 반주로 활용해 보세요.

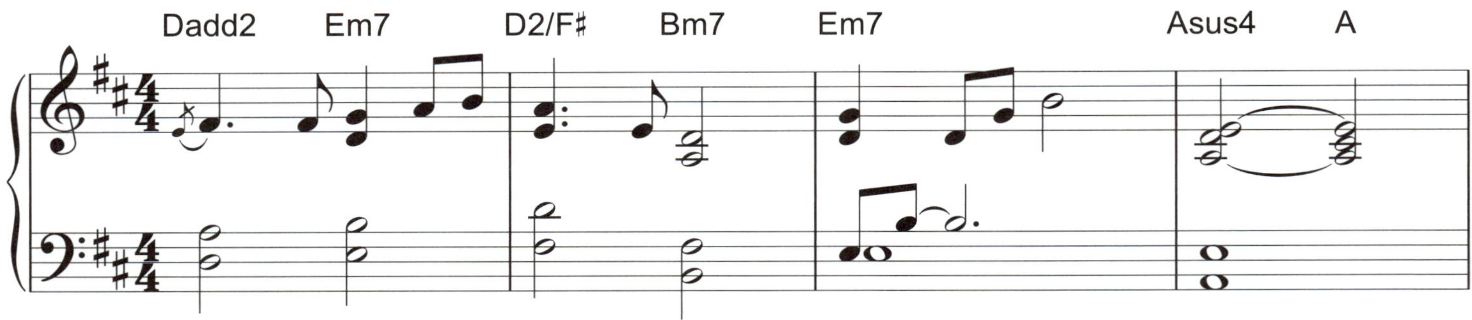

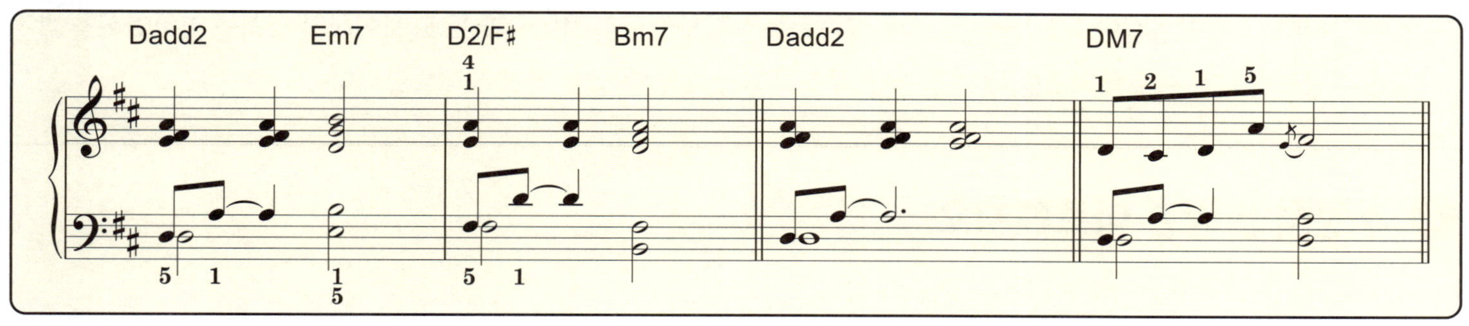

Dadd2   Em7   D2/F#   Bm7   Dadd2   DM7

13
Dadd2   Em7   D2/F#   Bm7   Em7   A
기 도는우리의안 식 빛 으로인도하 네
17
Dadd2   G   Em7   A   DM7
앞 이캄캄할때기 도 잊 지마세 요

양손 아르페지오와 양손 보이싱

CCM은 대중음악의 송폼(Song Form) 형식을 따릅니다.

가장 기본적인 뼈대인 Intro - Verse 1 - Verse 2 - Chorus - Outro를 세우고 이 형식에 맞춰 곡의 기승전결을 만들어 갑니다. 코드의 울림만으로 정적인 느낌을 표현하는 수직적인 양손 보이싱과, 코드 보이싱의 영역을 넓히며 곡을 발전시키는 수평적인 양손 아르페지오를 해야 할 때를 구분하며 연주할 수 있는 역량이 필요합니다.

A 수평적인 양손 아르페지오

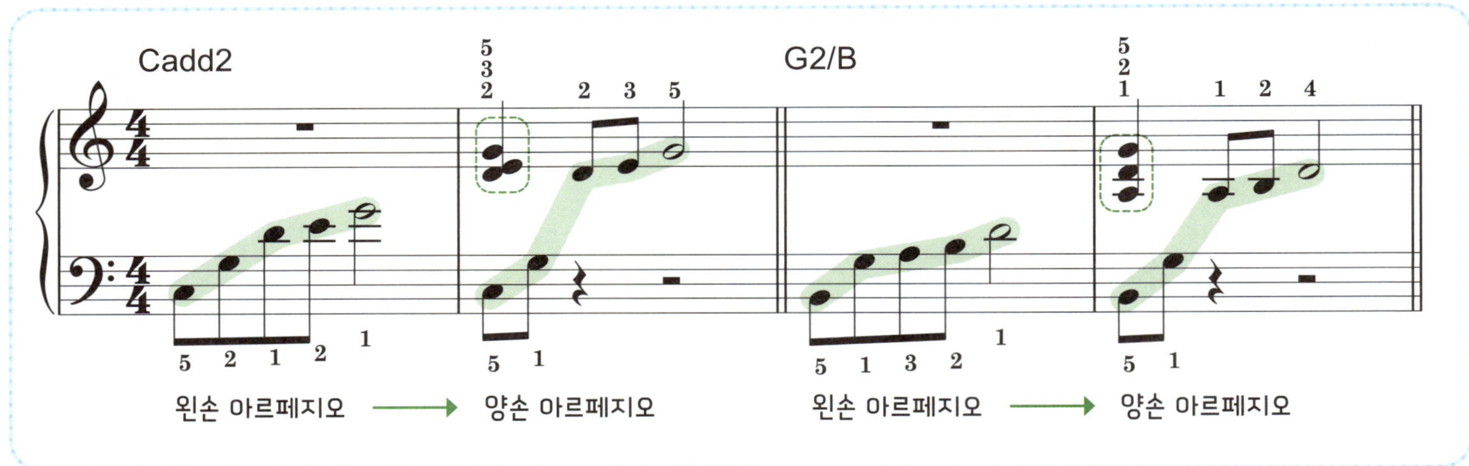

B 수직적인 양손 보이싱

정적인 느낌의 찬양이나 송폼의 Verse 1에서 많이 사용되며, 오른손의 화성을 양손으로 나누어 연주함으로써 더욱더 편안한 사운드를 구사하며, 양손 보이싱 후 양손 아르페지오로 자연스럽게 연결시켜서 연주할 수 있습니다.

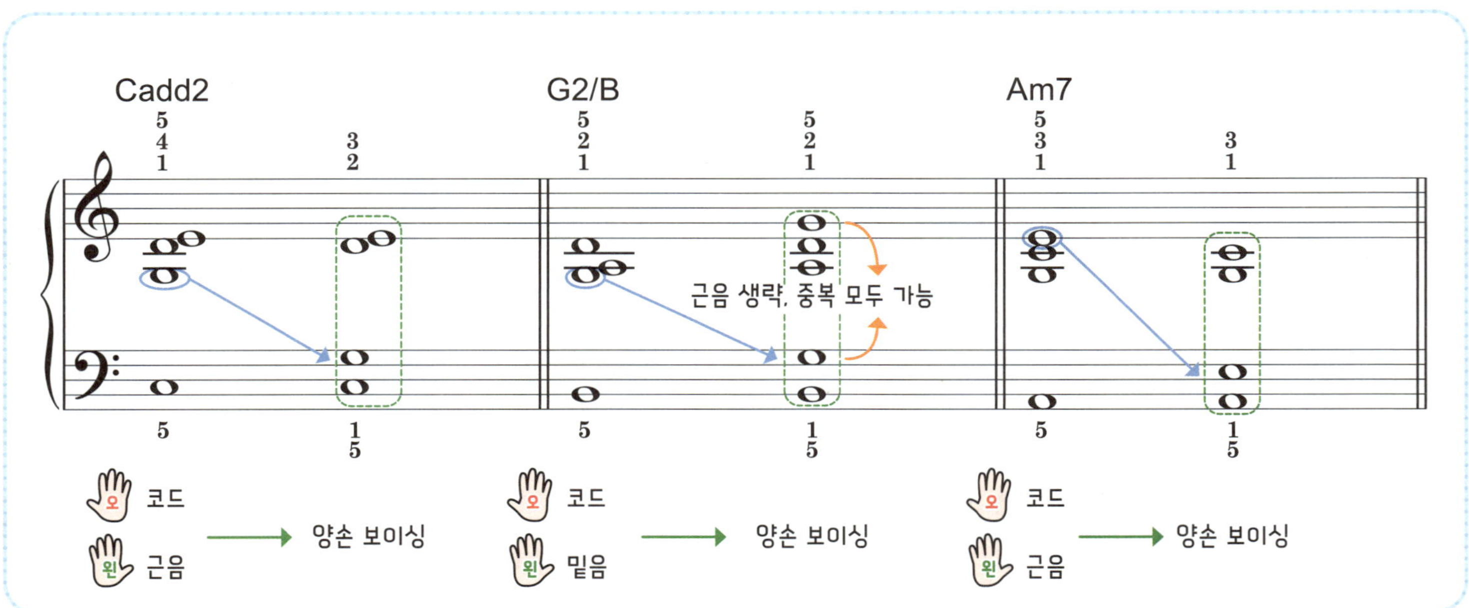

Ⓐ 양손 아르페지오와 Ⓑ 양손 보이싱의 조화

CCM 반주에서 가장 중요한 것은 찬양을 은혜롭게 연주하는 것과 더불어 찬양의 가사와 반주가 함께 어우러져 찬양하는 이들의 마음을 은혜롭게 하는 것이 가장 중요합니다.

이를 위해 반주자에게 가장 중요한 것은 정확한 코드 보이싱입니다. 정확한 코드 보이싱을 토대로 수직적인 양손 보이싱과 수평적인 양손 아르페지오의 적절한 조화를 생각하며 은혜롭게 연주해 봅시다.

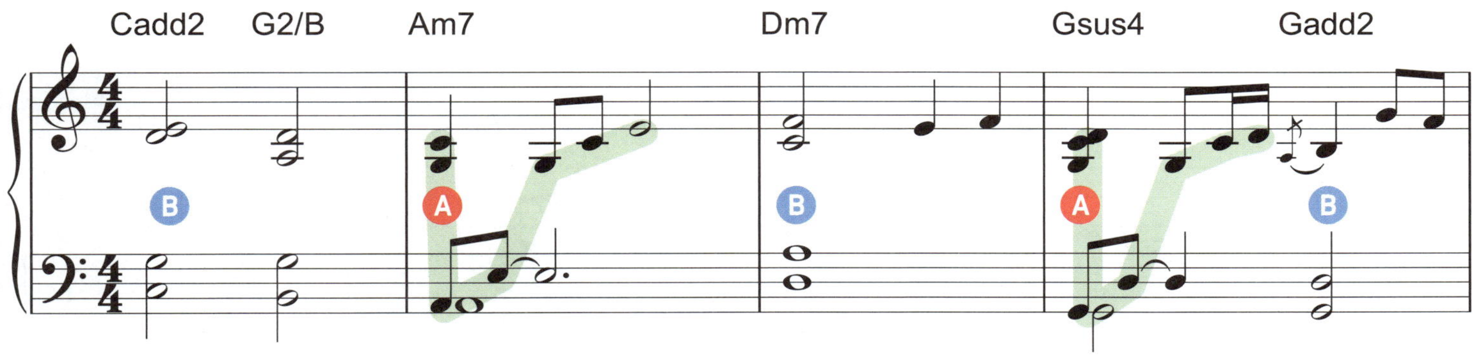

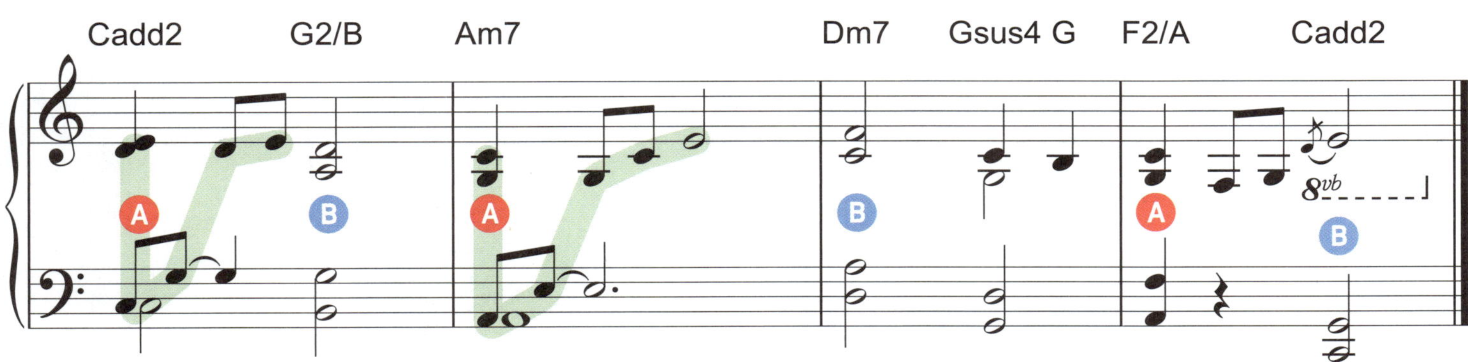

Amazing Grace

J. Newton 작사
미국 민요

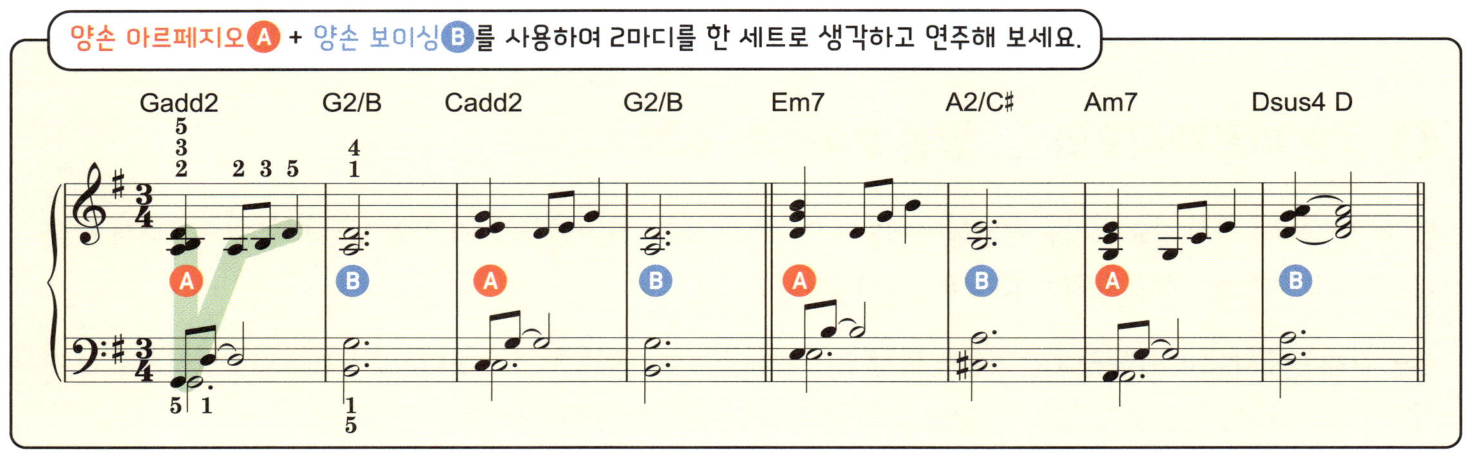

Intro 7~15마디의 코드 진행을 인트로 반주로 활용해 보세요.

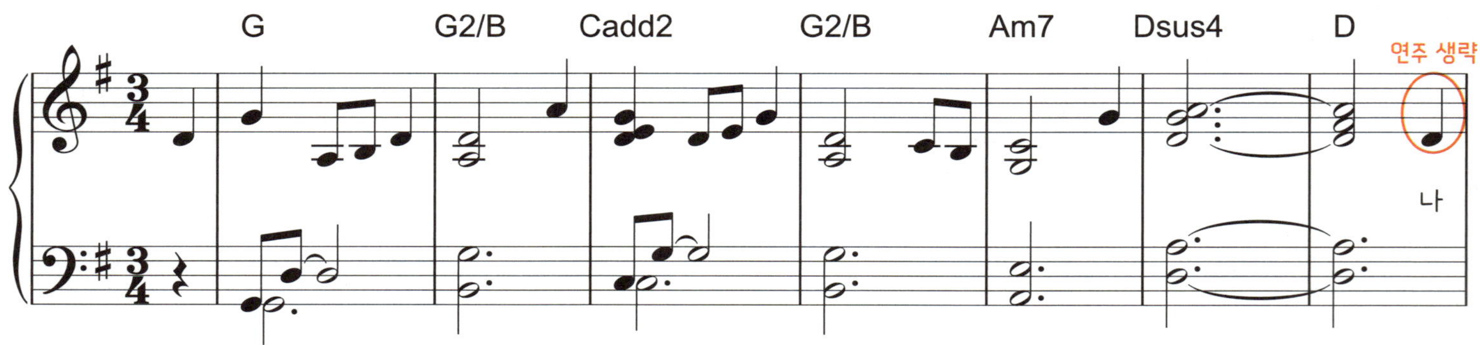

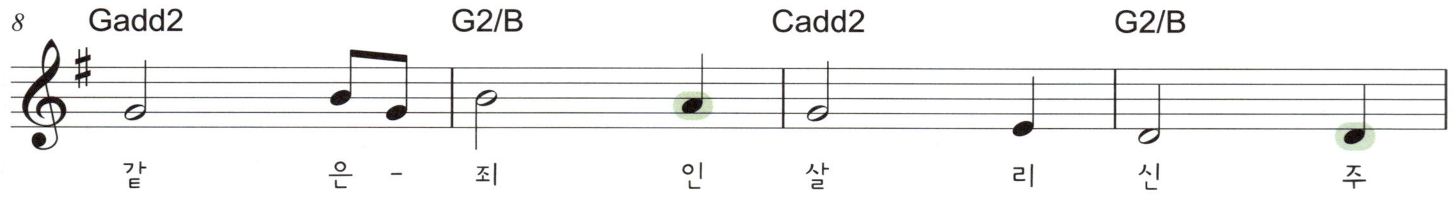

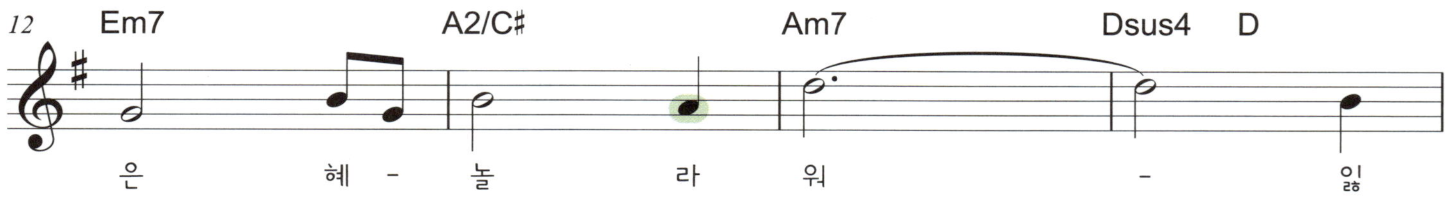

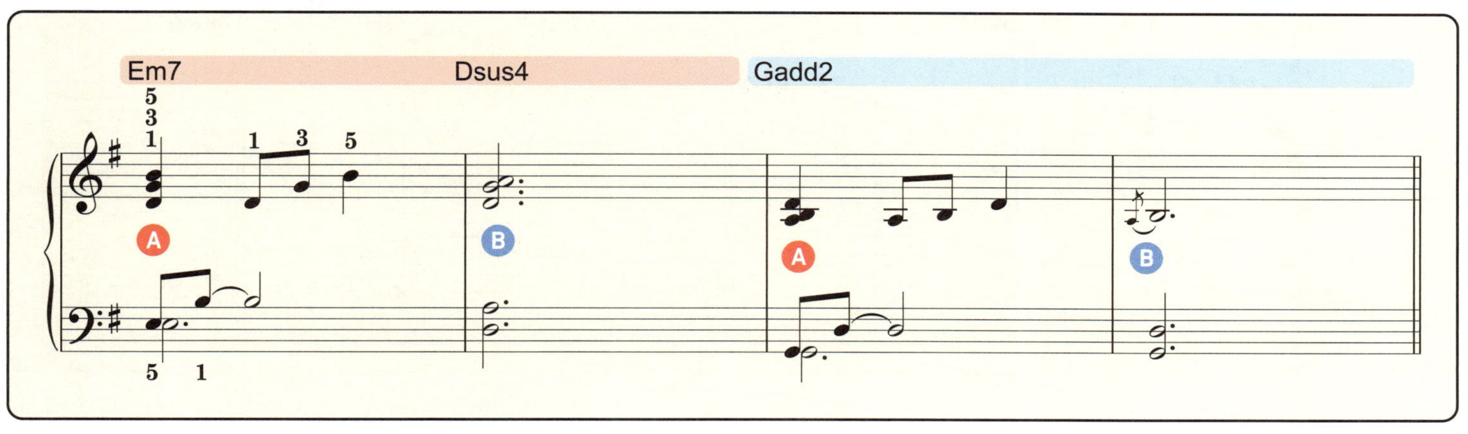

Em7
Dsus4
Gadd2
A
B
A
B

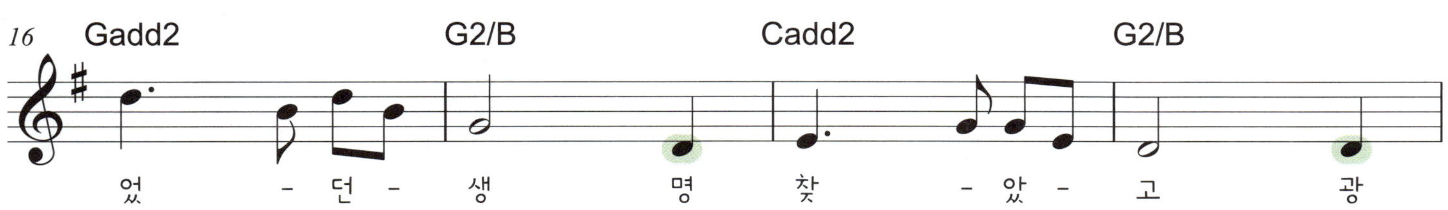

16
Gadd2
G2/B
Cadd2
G2/B
었 — 던 — 생 명 찾 — 았 — 고 광

20
Em7
Dsus4
Gadd2
명 을 — 얻 었 네 —

주 안에 있는 나에게

E. E. Hewitt 작사
W. J. Kirkpatrick 작곡

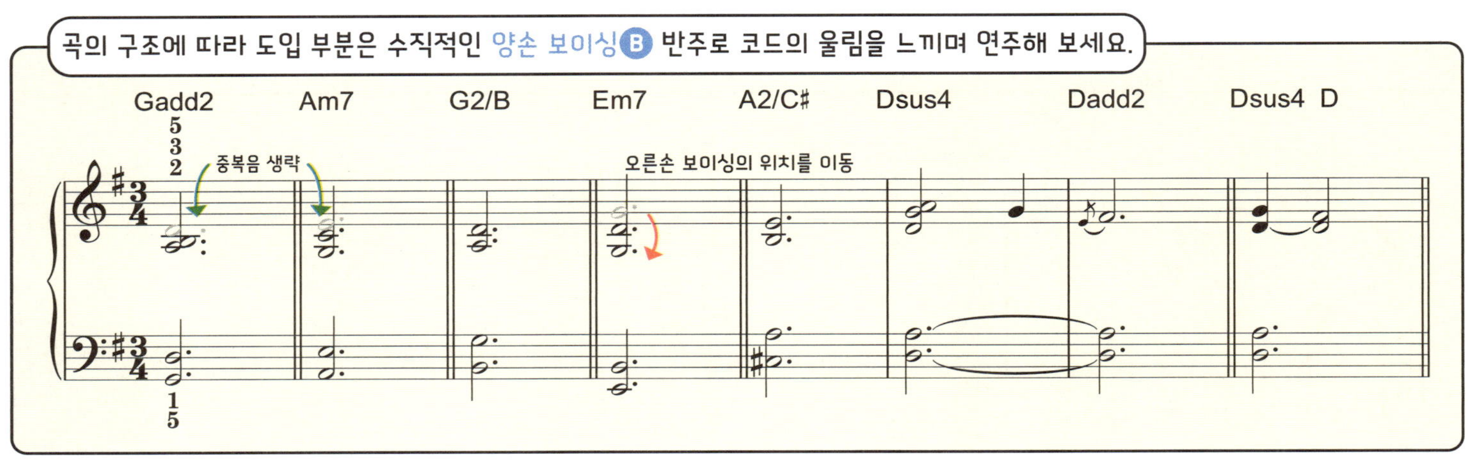

Intro 33~40마디의 멜로디를 인트로 반주로 활용해 보세요.

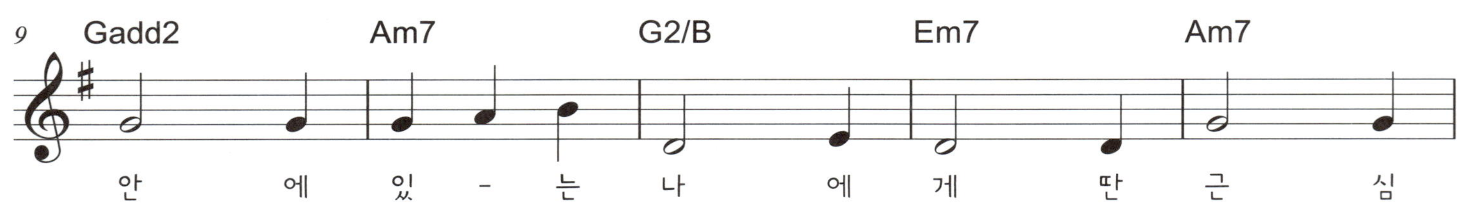

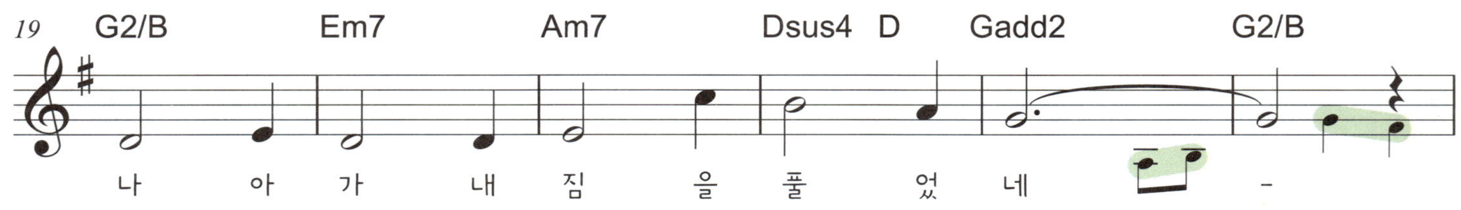

양손 아르페지오 A + 양손 보이싱 B 를 사용하여 2마디를 한 세트로 생각하고 연주해 보세요.

Cadd2
G2/B
Em7
Am7
G2/B
엄지손가락(근음)으로 내성 연주
A
B
Dsus4 D
Em7
G/D
Gsus4
Gadd2

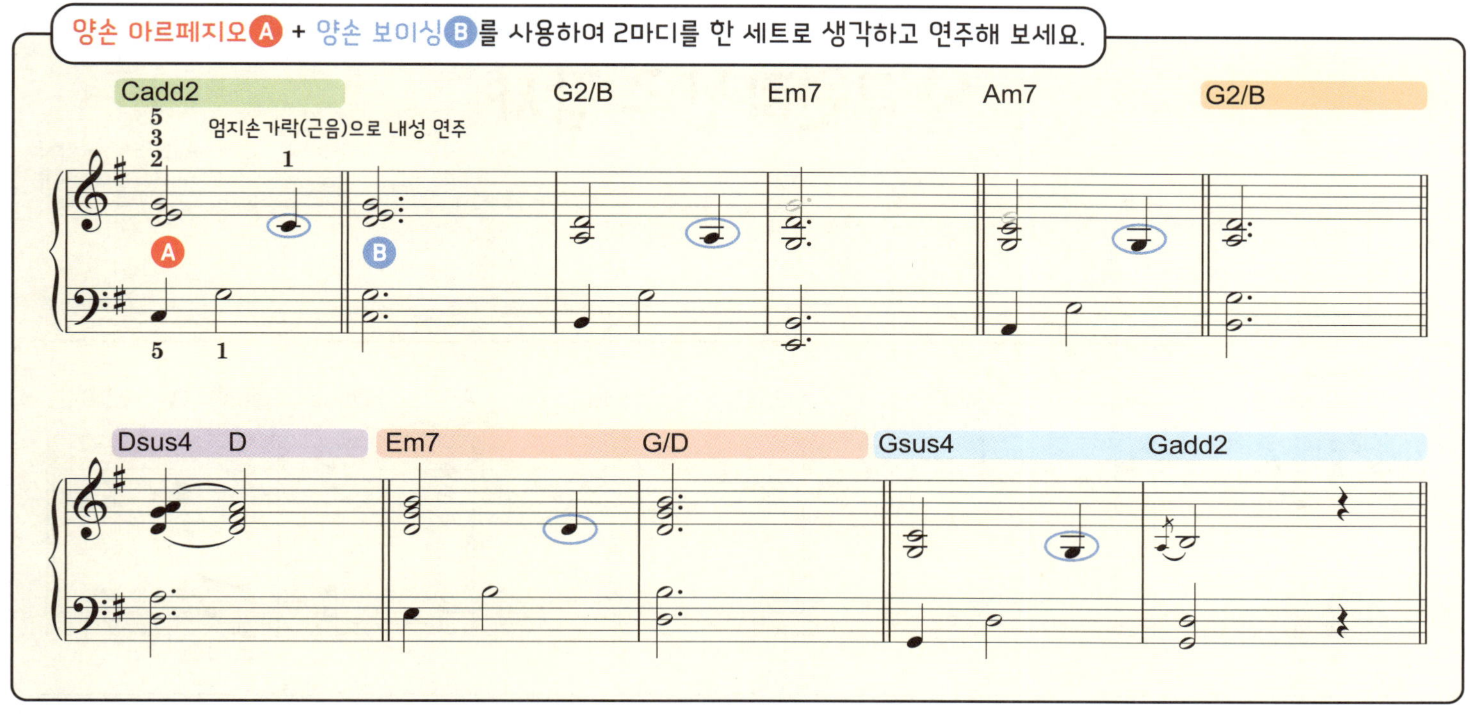

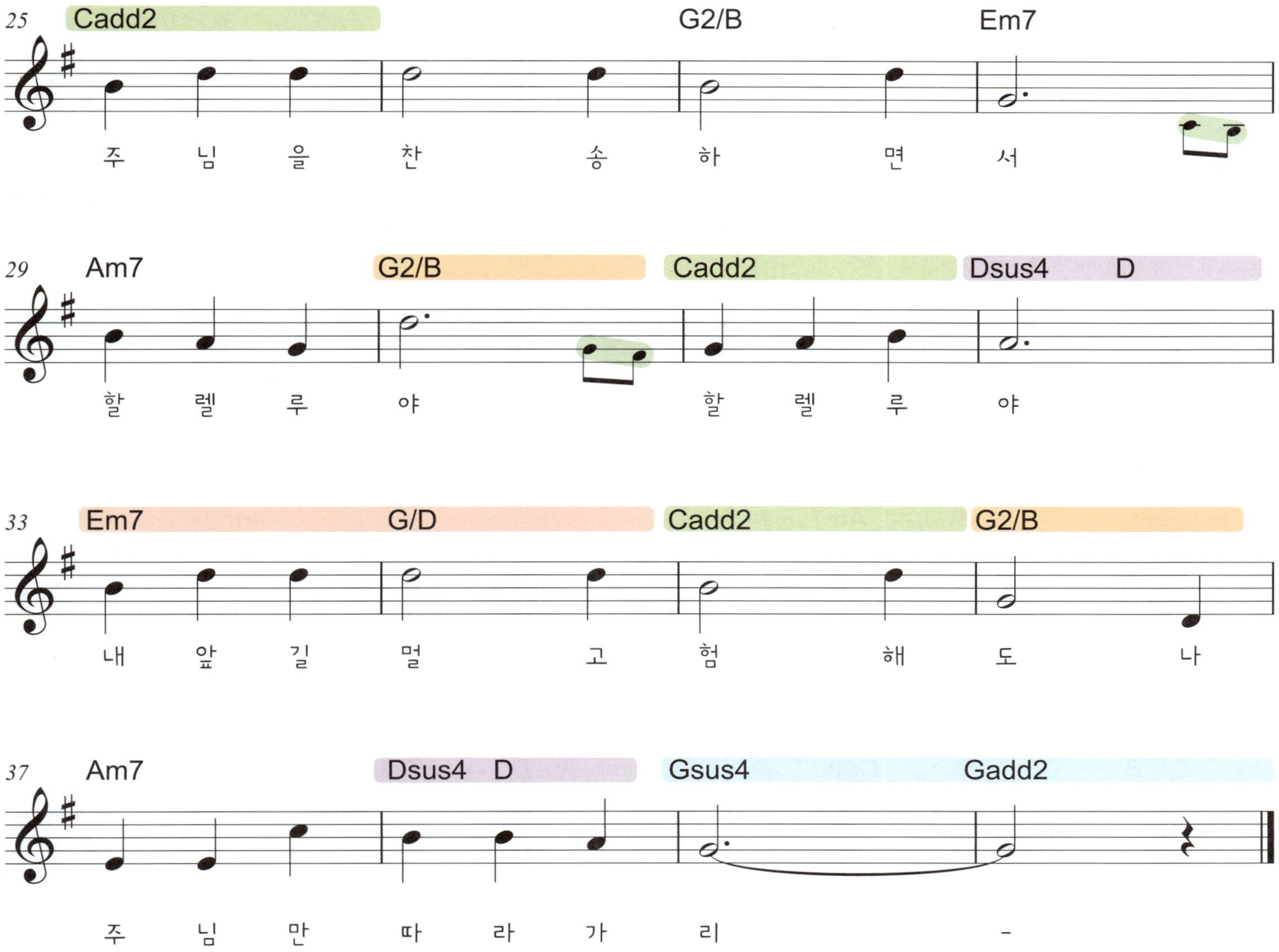
25
Cadd2
G2/B
Em7
주 님 을 찬 송 하 면 서
29
Am7
G2/B
Cadd2
Dsus4 D
할 렐 루 야 할 렐 루 야
33
Em7
G/D
Cadd2
G2/B
내 앞 길 멀 고 험 해 도 나
37
Am7
Dsus4 D
Gsus4
Gadd2
주 님 만 따 라 가 리 -

날 구원하신 주 감사

A. L. Storm 작사
J. A. Hultman 작곡

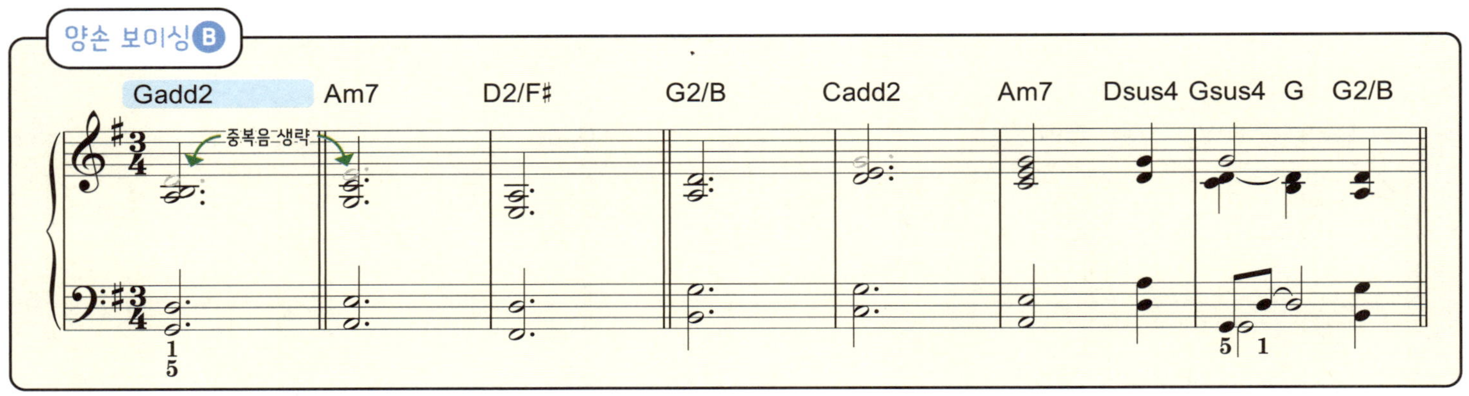

Intro 1-4-2-5도 코드 진행을 인트로 반주로 활용해 보세요.

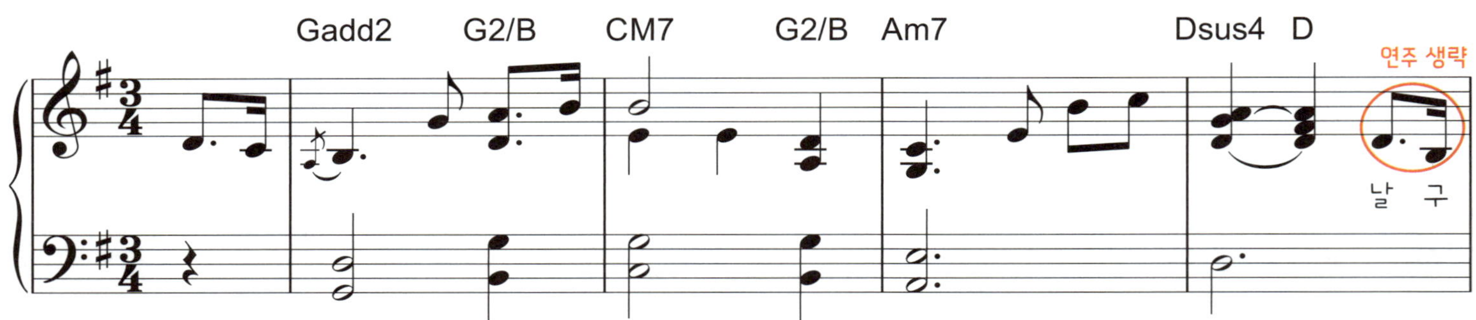

양손 아르페지오 A + 양손 보이싱 B
CM7   G2/B   A2/C#   Dsus4   D   B2/D#
A
B
5   1
1
5
Em7   G/D   Cadd2   Am7   Dsus4   Gsus4   G
rit.

13   CM7   G2/B   A2/C#   Dsus4   D   B2/D#
론   봄 철 에 감 사 외 론 가   을 날 감 사   사 라
17   Em7   G/D   Cadd2   Am7   Dsus4   Gsus4   G
진   눈 물 도 감 사 나 의 영   혼 평 안 해

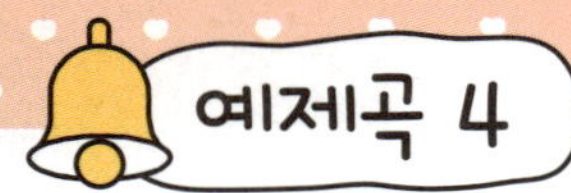

나의 안에 거하라

류수영 작사·곡

Intro 5~6마디 코드 진행을 인트로 반주로 활용해 보세요.

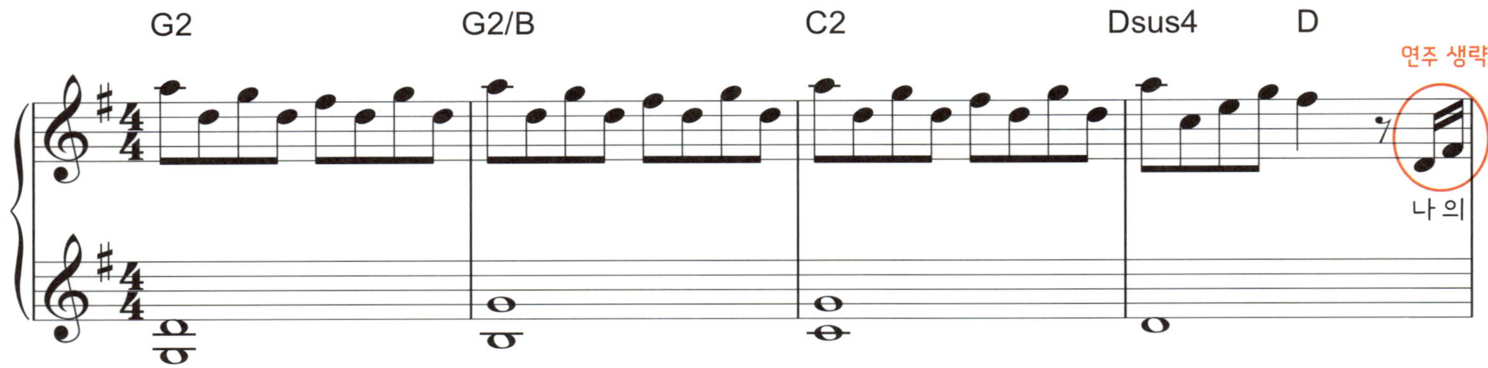

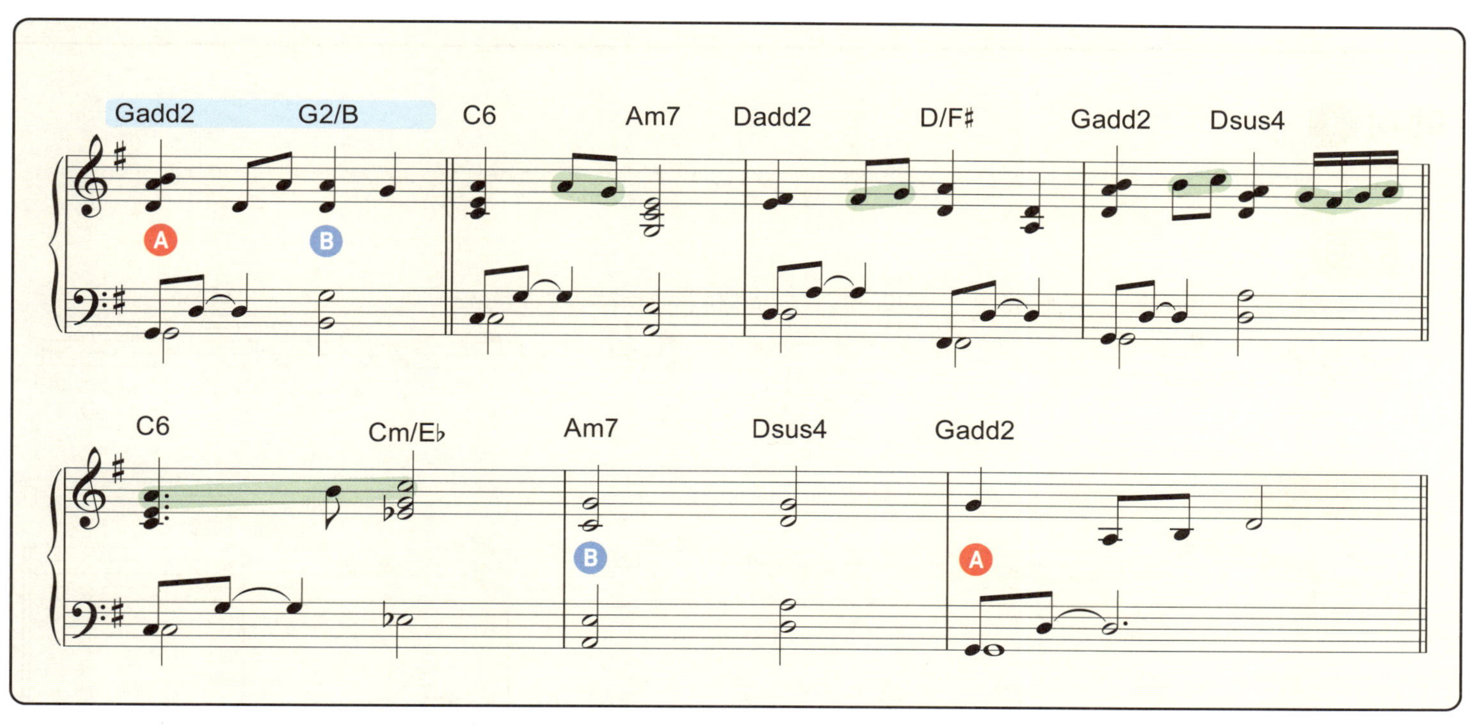

Gadd2   G2/B   C6   Am7   Dadd2   D/F#   Gadd2   Dsus4
A   B
C6   Cm/E♭   Am7   Dsus4   Gadd2
B   A

13   Gadd2   G2/B   C6   Am7   Dadd2   D/F#   Gadd2   Dsus4
지 명하 - 여불 렀나 -니너는 내   것 이라 -   내   것 이라 -   너 의 하 나 님 이라 -   내가너를
17   Gadd2   G2/B   C6   Cm/E♭   Am7   Dsus4   Gadd2
보 배롭 - 고 존 귀하 - 게 여   기 노라 -   너를 사 랑하 - 는 네 여 호 와라   -

Part 6

탑노트 보이싱(Top-note Voicing)

탑노트 보이싱이란, 멜로디가 들릴 수 있도록 주된 멜로디를 가장 위에 배치하고 그 아래로 코드를 쌓는 보이싱으로, 코드 보이싱 + 리듬 패턴 + 선율 라인으로 구성되어 코드 반주 위로 멜로디가 동시에 흐르는 형식의 반주입니다.

예시 ❶

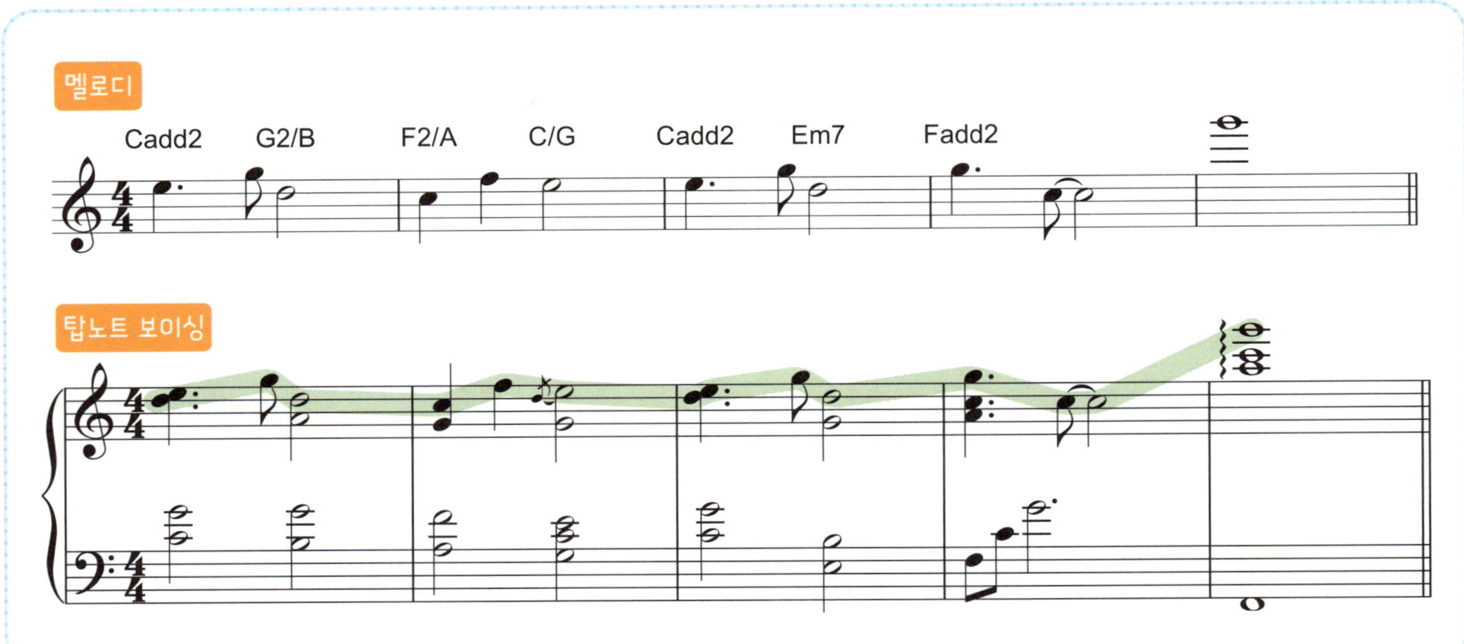

예시 ❷

멜로디 반주와 코드 반주 교육의 비율에 관한 고찰

반주 교육에서 레스너들이 흔히 겪게 되는 오류가 있습니다.

"선생님! 교회에서는 멜로디 반주 안 해요! 교회에서는 코드 반주해요! 그러니까 CCM은 멜로디 반주보다 코드 반주 위주의 교육을 많이 시켜야 하는 것 아니에요?"

저는 초등학교 2학년부터 지금까지 교회 반주자입니다. 교회에서 코드 반주 아주 많이 합니다. 하지만 멜로디 반주도 그만큼 많이 합니다. 그런데 교회에서 연주되는 멜로디 반주는 단선 멜로디가 아닌 위에는 멜로디가 흐르며, 아래로는 코드 반주가 동시에 흘러가는 형식의 탑노트 보이싱 반주입니다.

반주의 기초부터 코드 반주 위주의 교육만 하게 되면, 초보 학습자들은 CCM 반주에서 가장 중요한 코드 보이싱의 울림이나 선율 라인을 생각하며 곡의 흐름이나 메시지를 온전히 반주에 담는 역량을 키우기 어렵습니다. 또한 멜로디 반주 교육이 되지 않았기 때문에 나중에 멜로디가 어려운 곡을 연주할 때 양손 리듬 맞추는 훈련을 힘들어하게 되며 탑노트 보이싱이라는 아름다운 반주의 과정을 할 수 없게 됩니다.

따라서 코드 반주와 멜로디 반주의 비율을 적절히 조화롭게 지도하는 것 또한 레스너의 역량입니다.

좋으신 하나님(Chord ver.)

작자 미상

코드 반주 – 정확한 코드 보이싱으로 아름답게 연주해 보세요.

Intro 5~6, 11~12마디의 멜로디를 인트로 반주로 활용해 보세요.

좋으신 하나님 (Melody ver.)

작자 미상

> **탑노트 보이싱 반주** – 앞의 코드 반주를 그대로 적용하여 멜로디 선율을 쌓아 아름답게 연주해 보세요.
>
> **〈탑노트 보이싱 반주 방법〉**
>
> **1** 곡의 멜로디가 코드 보이싱의 탑노트가 되도록 멜로디 아래에 화성을 쌓아 연주합니다.
>
> **2** 정확한 코드 보이싱을 토대로 완성된 코드 반주 위로 멜로디가 동시에 흐르도록 연주합니다.

스윗 가이드

탑노트 보이싱 연주 방법은 일반적으로 **1**의 방법을 사용하나, 본 교재를 통해 훈련한 부가화음, 7th 코드, 슬래시 코드를 적용한 코드 보이싱의 아름다운 울림을 탑노트 보이싱에서도 그대로 사용할 수 있도록 **2**의 방법을 사용합니다.

탑노트 보이싱은 멜로디에 최대한 중점을 두고 코드 보이싱을 하게 되므로 앞에서 훈련한 코드의 자리바꿈이 필요하며, 멜로디 전체를 화성으로 연주하지 않고 코드가 표기된 부분의 멜로디 아래로 화성을 쌓아 연주합니다. 아름다운 반주를 위한 요소 가운데 가장 중요한 것은 정확한 코드 보이싱임을 잊지 마시고, 연주자는 멜로디와 코드 보이싱 2가지의 균형을 잘 맞추어 연주하는 역량이 필요합니다.

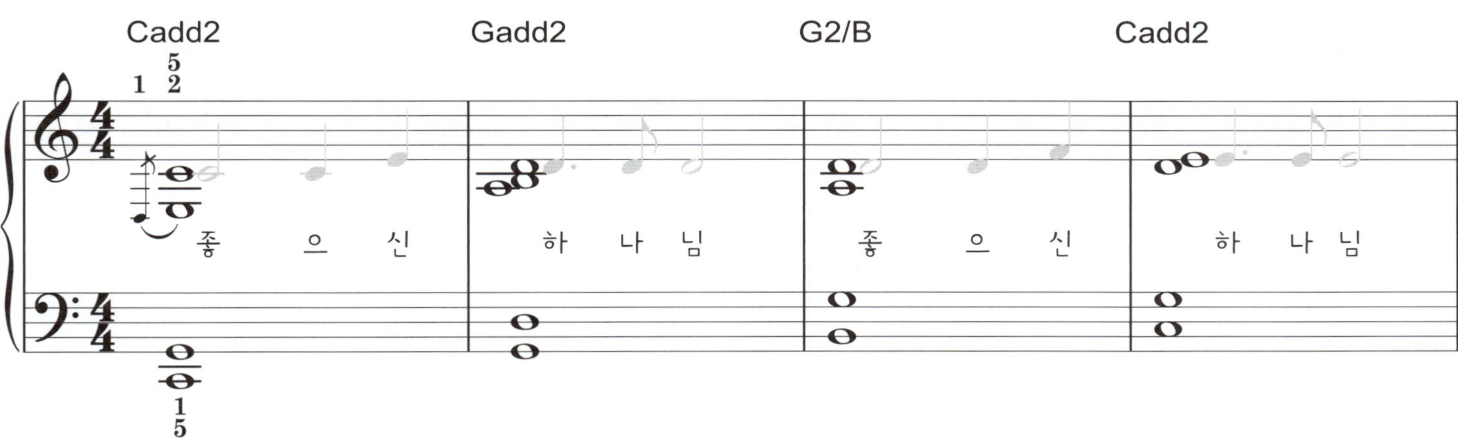

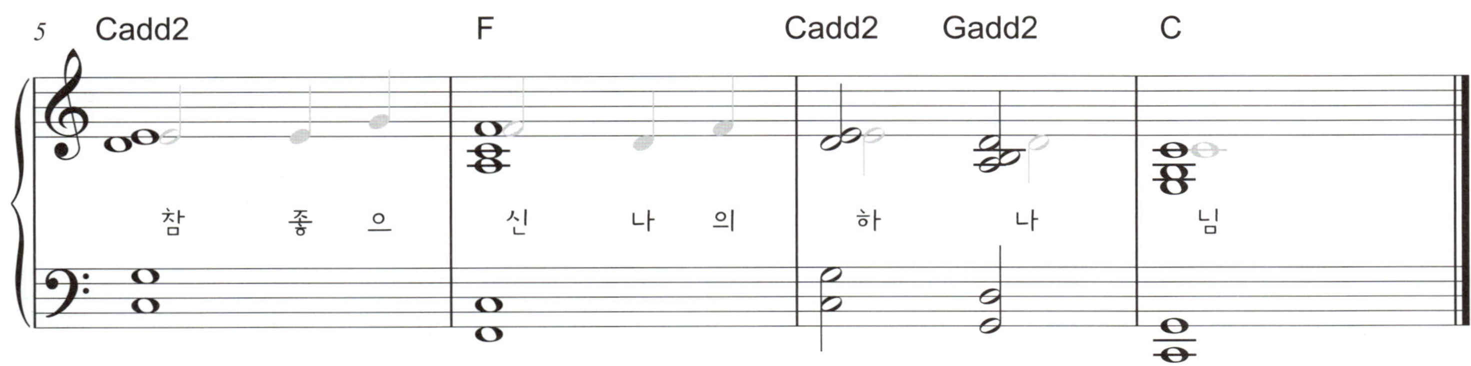

우리 기도를(Chord ver.)

G. Whelpton 작곡

Intro 5~8마디의 코드와 멜로디를 인트로 반주로 활용해 보세요.

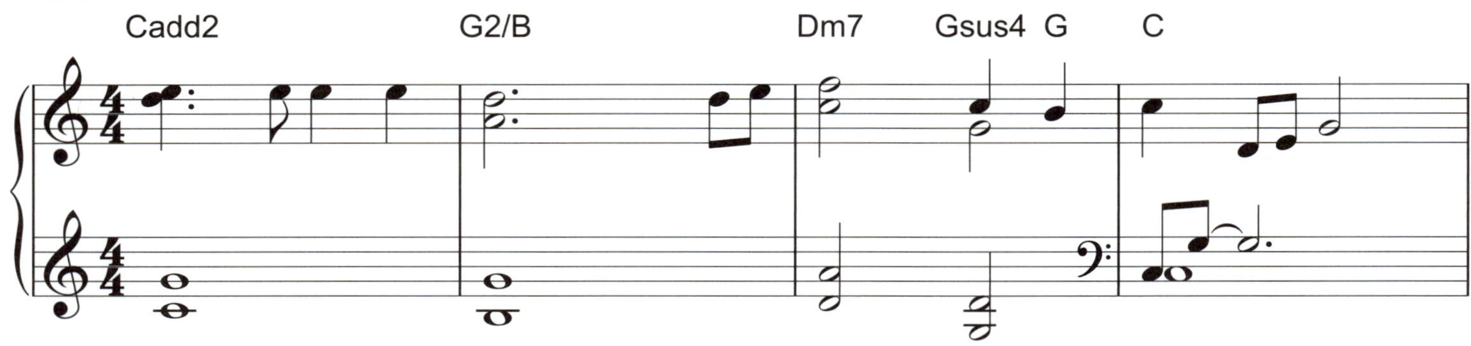

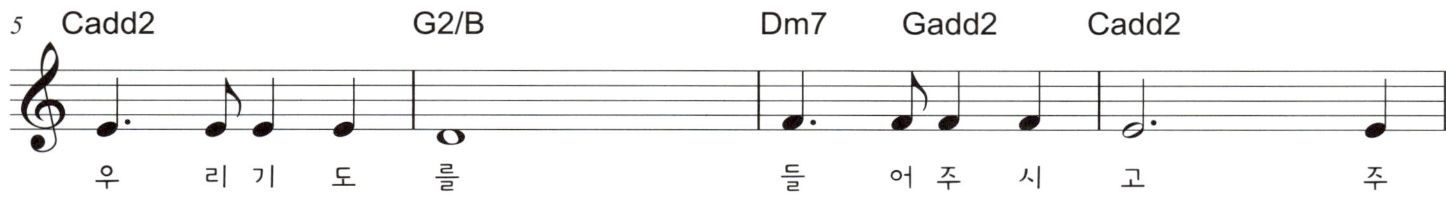

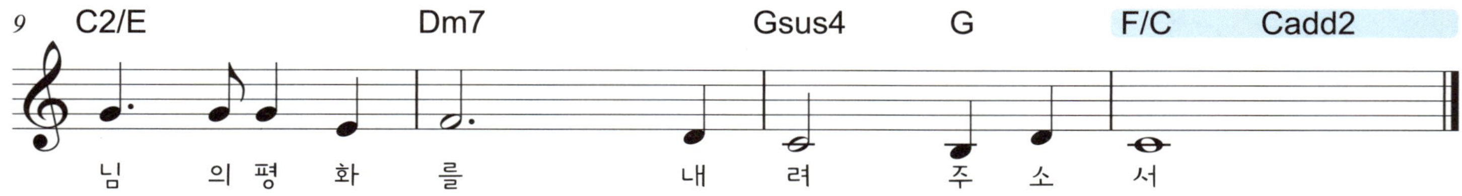

우리 기도를(Melody ver.)

G. Whelpton 작곡

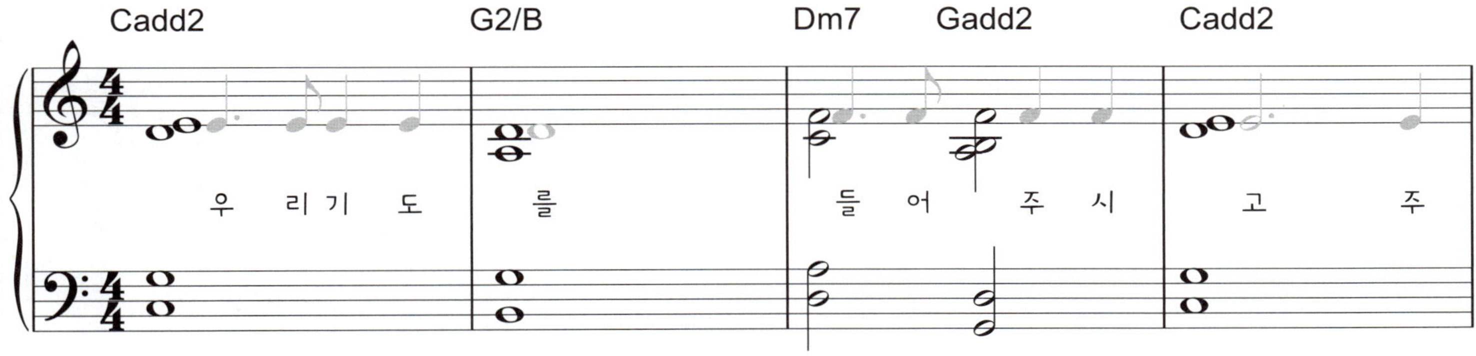

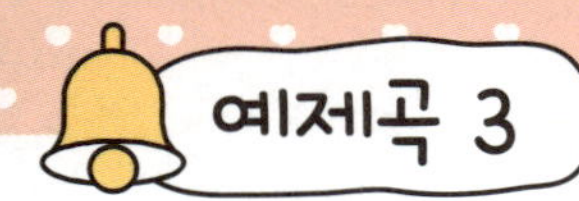

참 아름다워라 (Chord ver.)

M. D. Babcock 작사
F. L. Sheppard 작곡

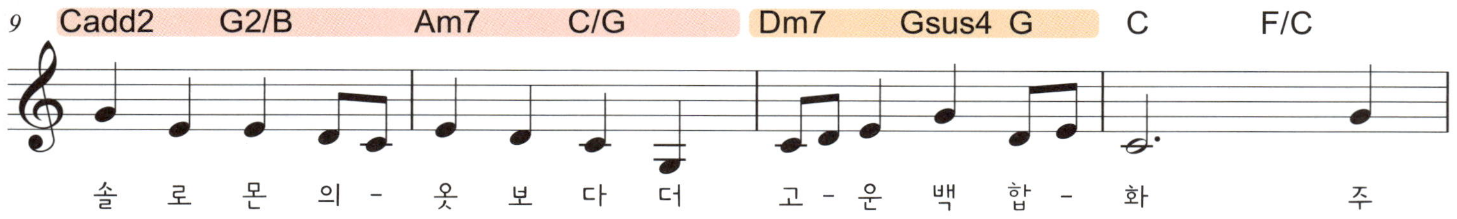

Cadd2
G2/B
Am7
C/G
Fadd2
B/D#
Em7
Dm7 G
Cadd2
G2/B
Am7
C/G
Fadd2
Gsus4 G
F2/A
Cadd2
rit.
8vb

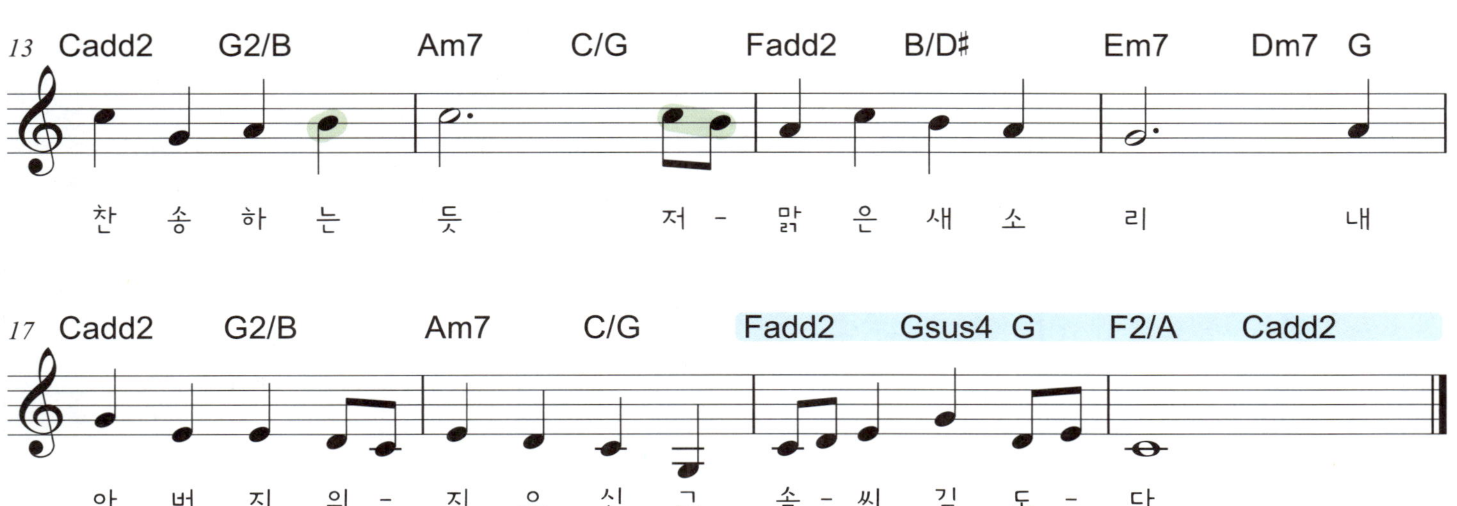

13
Cadd2
G2/B
Am7
C/G
Fadd2
B/D#
Em7
Dm7 G
찬 송 하 는 듯 저 - 맑 은 새 소 리 내
17
Cadd2
G2/B
Am7
C/G
Fadd2
Gsus4 G
F2/A
Cadd2
아 버 지 의 - 지 으 신 그 솜 - 씨 깊 도 - 다

참 아름다워라(Melody ver.)

M. D. Babcock 작사
F. L. Sheppard 작곡

탑노트 보이싱 반주 – 앞의 코드 반주를 적절히 변형시켜서 멜로디 선율을 쌓아 아름답게 연주해 보세요.

〈탑노트 보이싱 반주 방법〉

❶ 경우에 따라서는 멜로디의 음을 전부 연주하지 않고, 부분 생략하여 코드 반주로 연주하기도 하며,

❷ 멜로디 라인에 따라서 코드 반주와 멜로디 반주의 코드 보이싱을 다르게 연주하기도 하고,

❸ 코드 표기된 부분이라도 코드 보이싱 없이 멜로디만 단선율로 연주하기도 합니다.

❹ 멜로디가 없이 코드 보이싱만 연주하는 부분은 멜로디보다 크지 않게 연주합니다.

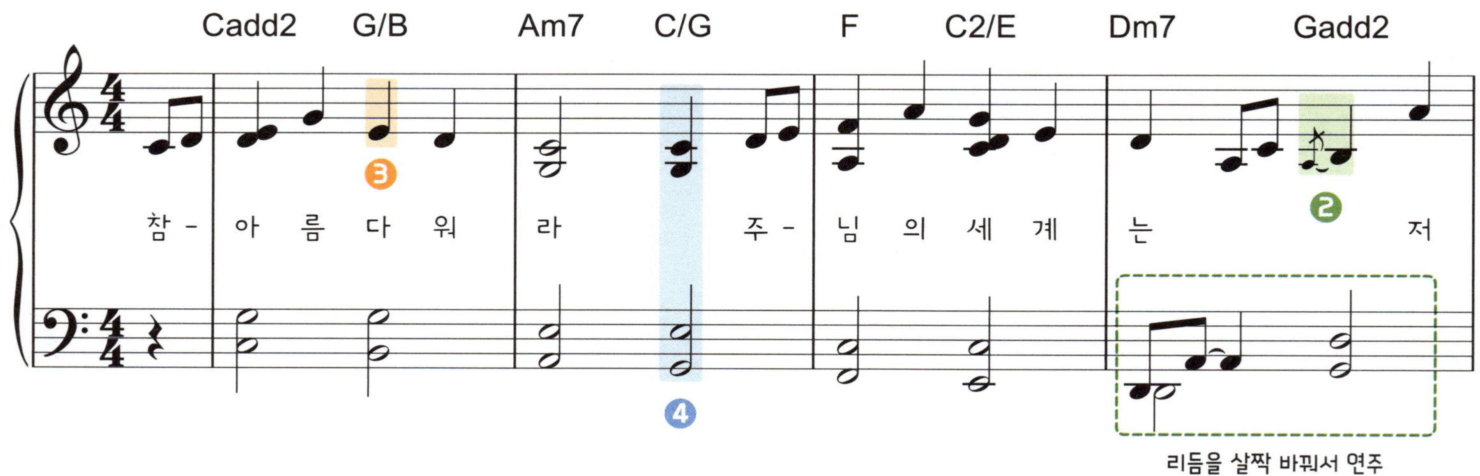

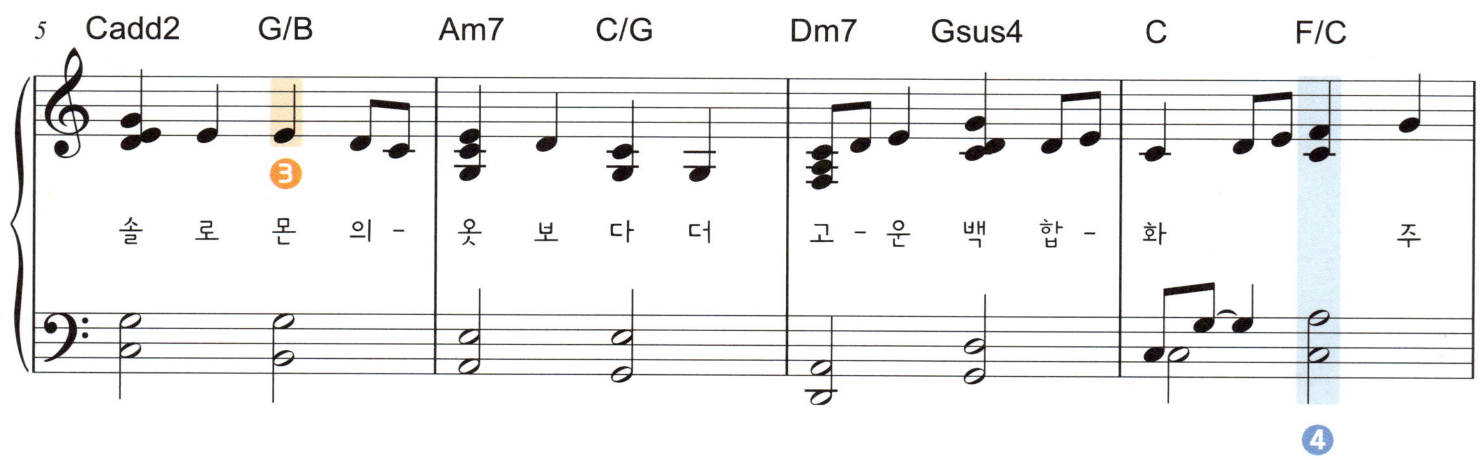

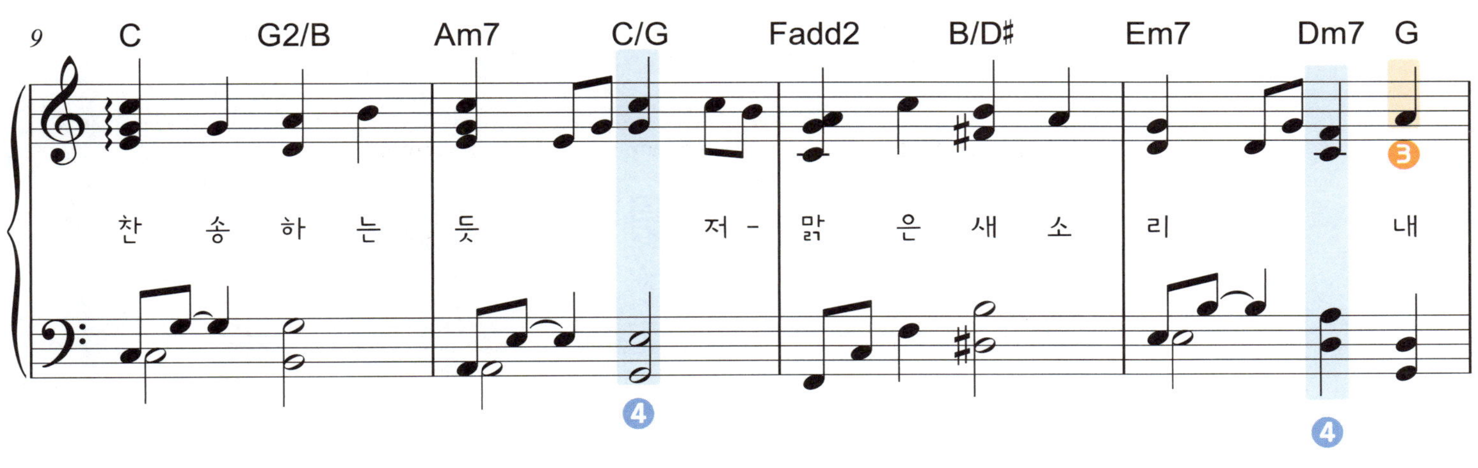

9
C   G2/B   Am7   C/G   Fadd2   B/D♯   Em7   Dm7   G
찬 송 하 는 듯   저 - 맑 은 새 소 리   내

13   Cadd2   G2/B   Am7   C/G   F   Gsus4   F2/A   Cadd2
아 버 지 의   지 으 신 그   솜 - 씨 깊 도 - 다
rit.
8vb

류혜영

전주대학교 음악학부 (피아노) 졸업
전주대학교 일반대학원 음악학부 (피아노) 석사

현) HAEUM Piano Academy 대표

저서

궁금해 CCM 반주 ① - 새싹
궁금해 CCM 반주 ② - 열매
궁금해 CCM 반주 ③ - 선물
궁금해 CCM 반주 ④ - 행복
궁금해 CCM 반주 ⑤ - 감사
신비아파트 피아노 동요
신비아파트 꼬마 피아노 동요
브레드 포핸즈 피아노
궁금해 피아노 반ZOO 1~4권
쿠키런 간추린 소나티네
New 궁금해 피아노 캐롤
SOS Level Piano Repertoire(실용 편) 1~3권
CCM 코드 반주 1, 2 (스윗 가이드)
우아한 찬송가 Ⅰ, Ⅱ
세광음악교육(CAMP) <류혜영의 CCM반주> 연재 중

저자 SNS에서 좀 더 많은 음악교육자료를 볼 수 있습니다.

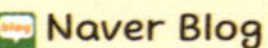

Naver Blog

blog.naver.com/hyms4866

Instagram

ID: haeum_piano

Youtube

유튜브 검색창에 '류혜영피아노'

CCM 코드 반주 ① 스윗 가이드   류혜영 편저

발행인 박현수
발행처 세광음악출판사 | 서울특별시 구로구 벚꽃로76길 27
　　　　　Tel. 02)714-0048, 50(내용 문의)　　Fax. 02)719-2656
　　　　　http://www.sekwangmall.co.kr
공급처 (주)세광아트 Tel. 02)719-2652　　Fax. 02)719-2191

|총괄| 강성호
|편집 및 교정| 이슬기, 유은재
|디자인| 강주연, 박지민
|제작| 김상준
|마케팅| 강성호, 윤미희

등록번호　제 3-108호(1953. 2. 12)
ISBN　978-89-03-36173-2 93670

© 2025 류혜영